元太田商工会議所会頭

本島虎太

〜会頭在任十三期三十九年日本最長〜

茂木　晃

本 島 虎 太

もとじま整形外科・糖尿病内科　正面全景

待合室

序文

本島虎太は私の父であり、長く太田商工会議所会頭を務めた人物であります。

本書は、本島虎太について商工会議所会頭としての足跡を中心として半生を記した書籍です。

僭越ながら自分の父の書籍を世に出すことになるとは、いままで夢にも思いませんでした。

きっかけとなったのが、地元太田市の高名な歴史家である、茂木晃先生との出会いです。

以前より茂木晃先生には、当家の歴史、先祖について『太田に光をあたえた先人たち』『太田地域の道とひと』『風土記おおた』『太田風土記』など様々な書籍について記載していただいておりました。（もとじま整形外科・糖尿病内科ホームページにて公開中です）

そういうことから、ときどき太田市の歴史などについて茂木晃先生と話すこともあったかと思います。

二年前のことになりますが、私の先祖の一人である、『本島一郎伝』を、幸運ながら茂木晃先生に執筆していただきました。

これはたまたま『日本整形外科学会八十年史』という書籍が数年前に出版されて、私自身が整形外科医ということもあり読んでみました。その中に本島一郎の名前を見つけたのです。

もしかすると父が昔ばなしをする中で、よくでてきた名前ではないかということが私の頭をよぎりました。調べてみたところ、私の先祖の一人であることがわかりました。

どんどん調べていくと、様々な人々とのつながりがわかり、縁があって茂木晃先生に『本島一郎伝』を執筆していただくことになりました。

書籍完成に向けて、より深く資料について調査したり、関わりのある先生方と面談させていただく機会が増えました。幸い当家は歴史的には茂木晃先生の御尽力により、先祖代々の業績、来歴などがわかってきている家系です。

大まかなことは理解しておりましたが、深く先祖の人生、足跡を理解することにより、誠に僭越ながら先祖の偉大さをひしひしと感じ、追いついていくには並大抵ではないと感じておりました。

また、地方の歴史、人物というものは、誰か残していく人がいなければ、散逸してしまうものではないかという意識が芽生えました。

例えば、江戸時代の大まかな出来事は、もちろん教科書に記載されておりますので、皆さんご存じです。しかし、地方の歴史、人物については書き残していく人がいなければ残っていかないと思うのです。

　当家は、茂木晃先生のような方がいらしたため、ありがたいことに誠に恐縮ですが地方の歴史として残ることができたのではないかと思いました。

そのようなことが契機となり、自分の先祖について考える機会が増えました。

たまたま戦前戦後、医学部の教授を新潟医学専門学校整形外科初代教授　本島一郎、東京医科大学放射線科初代教授　本島柳之助、東京医科大学外科教授　篠井金吾と当家は三人輩出させていただいておりまして、文献など調べておりました。

　そういうことを考えているときに、ふと父の話が頭に浮かびました。昔、父が現職の商工会議所会頭時代のことですが、周囲の方々に会頭任期が日本で一番長く、ギネスブックに記載されるのではないかといわれていたようです。当時は、そういうこともあるのかと聞き流しておりました。今回はせっかくなので、調べてみようと思い立ちました。早速、日本商工会議所にお尋ねしたところ、会頭在任期間日本最長であることがわかりました(平成三十一年一月二十五日現在)。そんなことを『本島一郎伝』を執筆していただいた後の茂木晃先生と話をしていたところ、父の伝記を執筆しましょうかという話が持ち上がり今回の書籍につながりました。

　よく考えてみると、私が生まれる一年前の昭和三十七年から三十九年間、私が三十八歳のときまで父は、太田商工会議所会頭でした。物心ついてから、ずっと周囲から父は、「会頭さん」と呼ばれつづけていました。その呼ばれ方が、私にとっては普通であり日常であり空気のように継続していくもののように感じている期間が長いように思えました。

幼少期少年期の私からみれば、いとも簡単なことのように楽しそうに継続しているように見えたものです。

しかし、本書完成に向けて様々な関係者の方々と話をしていくうちに、商工会議所会頭の職務の困難さをひしひしと感じました。会頭経験のない私が論じるのも恐縮ですが、まず自己の企業経営を健全にすすめていくことを基本と感じました。その上で太田市全体の企業の円滑発展のために自ら率先して資金提供を行い、地域に即した形で、それも今までにないような斬新な提案を常に考えて実現していく。しかも、周囲の方々の賛同を得る形での進め方でないと困難です。これは、仕事の遂行自体も大変なことですし、なかなか継続できるものではないと思います。父は、今尋ねると「昔から太田市、地域の人々に貢献してきた本島家の先祖の顔に、泥を塗らないように一生懸命やってきたつもりだ」と話していました。

その長期にわたる任期を全うしていったというのは、誠に僭越ながら客観的に考えてみても凄いことなのではないかと感じております。

書籍完成に当たって、執筆していただいた茂木晃先生、書籍の帯を記載していただいた石原信雄　元官房副長官をはじめ、書籍作成に協力していただいた諸先生方、関係者の方々、資料提供していただいた熊本五高記念館　藤本秀子氏、松田賢

治　太田商工会議所顧問、太田商工会議所関係者の皆様、上毛新聞社　一倉基益氏に心より感謝を申し上げます。

分家本島家三代目当主

太田都市ガス株式会社　筆頭株主　取締役

もとじま整形外科・糖尿病内科　院長

本島　太

目　次

まえがき

群馬県太田市に、江戸時代初期から定住し、やがて医者を開業して約三百五十年余、現在十三代目の当主を数える本島総合病院がある。

その本島家の十代目当主本島自柳（旧姓栗原）は妻乙女との間に四男二女をもうけた。長男柳之助は本家の医業を継ぎ、次男進は分家本島家を起こした。分家本島進の長男がこの伝記の主人公「本島虎太」である。

虎太は大正時代の最末年に生を受け、昭和時代六十三年、平成時代三十一年を生き、令和元年の新元号になってからも健康で平穏な晩年を元気に過ごしておられる。令和二年（二〇二〇）は昭和三十九年に次ぐ二回目の東京オリンピック・パラリンピックが開催されるはずであった年であり、ここに虎太は目出度く九十四歳の長寿の年を迎えている。

和暦では大正・昭和・平成・令和と四元号の時代を生き抜き、歴史的には終戦前の日中戦争・大東亜戦争（第二次世界大戦）など戦争の悪夢のような時代を耐え、戦後の生活苦や社会不安の時代を潜り抜けた世代であった。

本島家という名門の家系を背景に持ち、父進は京都帝国大学経済学部出身という秀才であるので、虎太は本来頭脳明晰、探求心も旺盛であったから、周囲から一目を置かれていたようである。虎太は県立の旧制太田中学校を卒業後、熊本の旧制第五高等学校（現熊本大学）の理科乙類へ見事に合格・進学し、医師を目指して懸命な努力を惜しまなかった。第五高等学校では猛勉強に励み、長崎医大と熊本医大に合格したが、当時不治の難病といわれた骨関節結核に罹患してしまったため、苦渋の決断をして太田に帰って療養に努めることになった。

昭和三十年代後半、病気が快方に向かうと、虎太は本家本島病院に勤務して、第十二代で、自柳襲名八代目の本島自柳（珪三）院長と協力して病院の整備・拡充に乗り出した。本島病院を近代的な総合病院に仕上げ、やがて太田商工会議所会頭に抜擢された。それから虎太は、十三期三十九年にわたり会頭職にあって、地域経済の発展と福祉の向上に貢献し、多くの業績を残した。長期にわたる会頭在任は日本における最長不倒の記録だといわれている。

本伝記を記述するにあたっては、平易な表現を専らとし、敬称は省略させていただいたことを御了承いただきたい。誤りや思い違いがあれば後日訂正させて頂く所存である。

以下、虎太の生きた軌跡を辿りながら波乱万丈の人生を、本人の記録や友人の証言及び発行された著作物等を参考にして、歴史的事象も含めて、記述してみたいと思う。

令和二年五月　由良の寓居にて

茂木　晃

第一章　太田の名門医家「本島家」の来歴

一・高祖本島数馬から十三代続く医家

　本島虎太の伝記を述べるにあたり、まず初めに本島本家に残されている「日めくり過去帳」と菩提寺東光寺にある「本島家過去帳」によって、本島家の過去十二代の当主の俗名・戒名・歿年・行年等を一覧してみよう。

　本島家初代は俗名「数馬」、戒名「忠誠全智信士」と称し、歿年は承応三年（一六五四）十二月十日とある。生年月日は不明だが江戸時代初期には来住していた人と考えられる。このことから本島家は初代から現代まで約四百年前に太田に定住し、身

本島家歴代墓所のある東光寺正面風景

分は農民でいつの頃か不明だが医業を開いたものと推定できる。

二代は俗名「本島自伯」、戒名「本源院柳山自得信士」、享保十五年（一七三〇）二月二十二日、八十五歳で歿。

三代は俗名・没年齢とも不詳、戒名「眞厳院嶋譽本光信士」とあり、明和九年（一七七二）三月二十六日歿。

四代は俗名「本島嘉左衛門」、戒名「本達院廣善日忠居士」、天明八年（一七八八）九月二十一日歿、歿年齢不詳。

五代は俗名「本島自柳満實」、戒名「本覺院自孫柳師信士」、五十八歳で寛政四年（一七九二）四月二十二日歿。

六代は俗名「本島自柳」（号子慶・字積善）、戒名「本念院證心自覺居士」、六十七歳で天保二年（一八三一）八月一日歿。

七代は俗名「本島自柳」（清八・槌屋清八）、戒名「阿覺了鑁居士」、六十三歳で天保八年（一八三七）十二月三十日歿。

八代は俗名「本島自柳」、戒名「明昌院医山道寛居士」、五十八歳で文久三年

（一八六三）十一月十一日歿。

九代は俗名「本島自柳（晩年に柳翁）」、戒名「英禮院貞山柳翁居士」、八十五歳で大正十三年（一九二四）十二月十二日歿。

十代は俗名「本島自柳」（七世自柳と注記あり・旧姓栗原）、戒名「眞玄院仁山鶴壽大居士」、七十七歳で昭和十八年（一九四三）十二月二十七日歿。

十一代は俗名「本島柳之助」（自柳襲名せず）、戒名「本覚院人徳慈圓翠柳大居士」、六十四歳で昭和三十二年（一九五七）九月十四日歿。

十二代は俗名「本島自柳」（旧姓名大渕珪三）、戒名「東光院醫山虚空自性大居士」、八十九歳で平成十七年（二〇〇五）十月十七日歿。

十三代は本島悌司（旧姓塩田）で、現在本島総合病院理事長・院長で、現職中。

自柳襲名は何時からか不詳であるが、十代目自柳の注記に「七世自柳」とあることから類推すると、第四代の本島嘉左衛門が「自柳」の初代と考えられ、五代目からは総て「自柳」（第十一代柳之助を除く）を襲名していることが分かる。

二．幕末から昭和までの近代における三代の本島家当主

幕末から明治期に活躍した九代目本島自柳（柳翁）、明治から大正期を生きた十代目本島自柳、明治末から大正・昭和期を生きた本島柳之助の三代の当主について詳しく紹介してみる（『群馬県議会史』『風土記おおた』などより引用）。

（一）第九代　本島自柳（柳翁）　本島家第九代、自柳襲名六代目で、江戸時代末期より大正十三年暮れまで八十五年の長い生涯を全うし、憂国の志士、医師、政治家として目覚ましい活躍の足跡を残した。明治三十二年の隠居後に自柳を「柳翁」と改名しているのでここでは柳翁で通したい。

本島柳翁

柳翁は天保十一年（一八四〇）十一月十三日、太田宿に生まれ、幼名を英之助、号を貞庵と称した。幼少より好学の志が厚く、優れた頭脳と胆力を持ち、血気にはやる侠気も秘めていた人物である。

少年期に江戸へ出て幕府教官長谷部謙庵・梁川星巌らに漢学や国学を学び、安政三年、十七歳の時に医術を長崎・熊本に学んだ。殊に熊本藩医村井洞雲に長く師事

し医術の修業に励んだ。先代自柳が文久三年に逝去したのを機に、慶応元年（一八六五）太田に帰郷して家業を継ぐことになった。

　慶応三年、維新回転の激流の中で、柳翁は大舘謙三郎・金井之恭・太田稲主・黒田桃民・岡田稲雄らとともに尊皇の大義を唱えて、新田満次郎を盟主として討幕の義旗を挙げようと謀った。しかし幕府方によって大舘・金井らと一緒に捕らえられ、岩鼻の獄に数カ月間幽閉されてしまった。折も折、岩倉具定を先鋒とする官軍の東山道東下に際して獄から解放され、その罪を免れた。明治元年、柳翁等は新田満次郎を盟主にして「新田官軍」（初めは「新田勤王党」を名乗った）を組織し、

図１　昭和11年７月ごろの六丁目鳥瞰図（太田町役場、商工会発行）

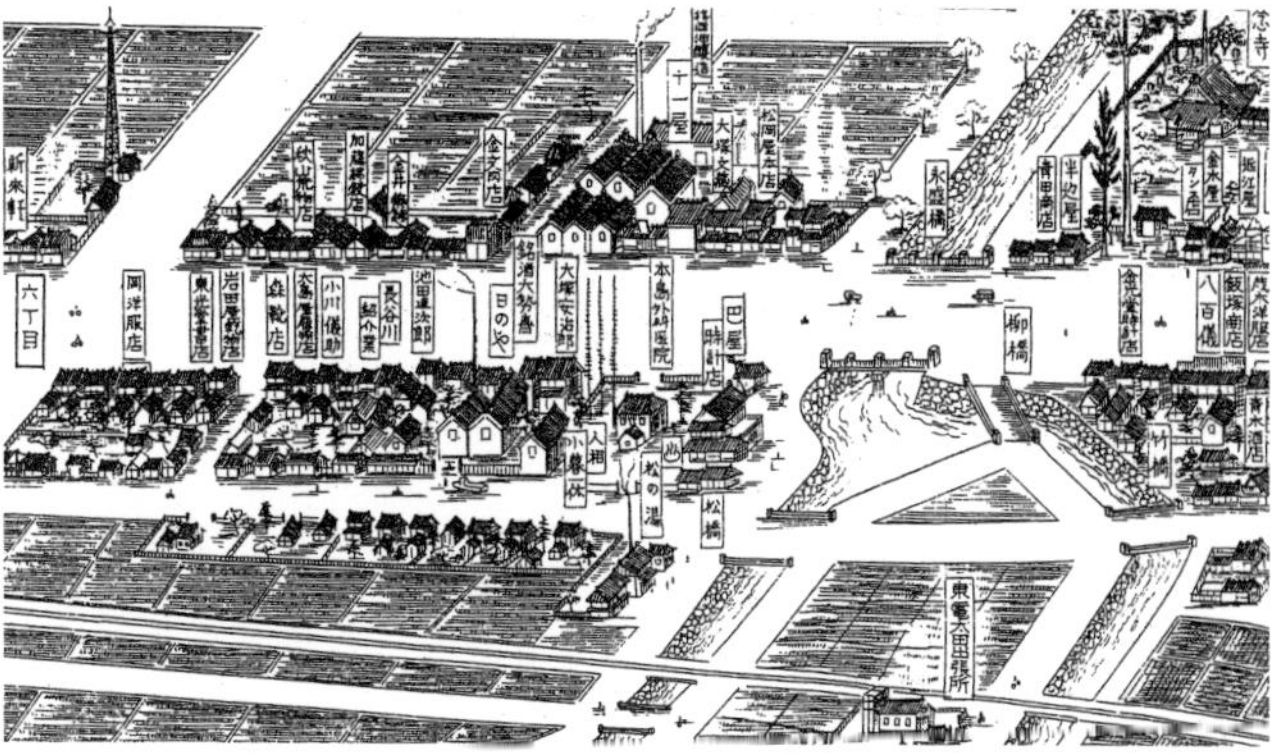

戊辰戦争の一翼を担った。館林藩の太田口関門守衛の後、利根郡戸倉口に会津兵を追ったが会津兵が降伏したので、新田官軍は解隊して太田に帰ってきた。柳翁は以後、家業の医師を継承して働いた。

明治二年（一八六九）二月、柳翁は岩鼻県を経て左のような賞状と「新論」という書物二冊をその功を賞して下賜された。

「上州新田郡太田町　医師自柳　其方儀、従来憂国之志厚　神妙之至　依之　此品遣候事　巳四月」（その方儀従来から憂国の志が厚く神妙の至りである、これによって此の品遣わすものである　明治二年巳年四月）

明治新政府によって町村制、郡制、府県制など近代的行政制度が確立されると、柳翁は医業の傍ら町民の輿望を受けて太田町会議員、新田郡会議員、群馬県会議員に相次いで選出され、政治的手腕を発揮、地方自治に貢献するところ大であった。貴公子の風貌、談論風発諄々として倦まざる人柄の柳翁は至誠一貫、地域住民の福祉や後輩医師の育成、水利組合の指導、銀行・会社の重役をこなすなど幅広い活動と共に忘れられない功績を残した。大正十三年十二月十二日、衆人の惜別を受けて行年八十五歳で永眠した。

(二)第十代　本島自柳

県議会議長
本島自柳

本島家第十代は七代目自柳を襲名し、本名は綾三郎といい、慶応三年（一八六七）六月二十日、埼玉県北埼玉郡今井村（熊谷市）の栗原友右衛門の子として生まれ、撫一庵と号した。明治十八年（一八八五）四月、埼玉県師範学校を卒業し教職の道を進もうとしていたが、先代の柳翁に見込まれて長女の乙女と結婚、本島家の養嗣子となった人である。

新たな境遇と生来の熱い向学心、明晰な頭脳の自柳は、明治十九年に上京し、語学と医学を研鑽すること三カ年、同二十一年十一月、内務省施行の「医術開業後期試験」に見事合格して医籍登録された。この後しばらく北里研究所で研究を積み、同二十二年九月、東京帝国大学医科大学専科に入学し、佐藤三吉博士に師事して丸三年の間、薬物や外科学を専攻して同二十五年六月、そこを卒業した。翌二十六年三月、七カ年にわたる研鑽と技術錬磨の実力をもって本島医院で開業するに至った。ここで義父柳翁と共に名医の伝統を受け継ぎ衆庶救済に仁術を施していった。

明治三十四年代からは政治活動にも進出し、同三十四年四月、三十五歳の若さで太田町会議員に初当選し、新田郡会議員にも挙げられた。大正四年（一九一五）九月、群馬県議会議員選挙に出馬し当選、以来三期十二年、県政の重鎮として活躍した。その間、県参事会員、県会議長に選出され、政友会派の長として手腕を発揮した。また、明治三十六年からは新田郡医師会長、大正七年からは群馬県医師会選出日本医師会代議員、群馬県医師会副会長や県学校医会副会長に挙げられるなど医学界の公職を背負って指導力を発揮した。

さらに、大正七年からは葉住・渋沢・大島ら地元太田経済界の大物と手を組み、新田銀行取締役、上毛実業銀行・群馬県農工銀行・群馬大同銀行（現在の群馬銀行）などの各取締役に選ばれるなど、昭和十四〜五年頃まで経済・金融面でも能力を発揮した。

彼は司法保護常務委員の職も兼任していたが、昭和十七年春、胃癌を発病し同年十月中旬、手術を施したが、薬石の功なく、翌十八年十二月二十七日永眠した。行年七十七歳。医学界・県政界・経済金融界の重鎮として活躍し、その功績は天下に広く知られ、温かい心情と至誠一貫の生涯は各界から景仰された。

（三）第十一代　本島柳之助

本島柳之助

本島家第十一代は本島柳之助で、自柳襲名を嫌い柳之助で通した放射線医学の権威、医学博士号を取得した人である。端正な風貌の中に剃刀の様に切れる頭を持ち、「太田の殿様」とあだ名された。

柳之助は明治二十五年（一八九二）十二月十一日、父自柳と母乙女の長男として生まれた。太田尋常小学校、旧制太田中学校（太田高校）を出た秀才で、子供の頃は相当のわんぱくぶりを発揮したという。中学校卒業の年に母乙女を失い、大きなショックで悶々の日々を送っていたが、卒業後文学好きのためもあり早稲田大学文学部の聴講生になり、永井荷風の講義を聞いたという。

大正六年（一九一七）の夏、信州の木曽や甲州の徒歩旅行に出かけ、その紀行文を上毛新聞に寄稿したりしている。そして同年暮れには宇都宮歩兵第六六連隊に一年志願兵として入隊するなど青春の彷徨時代を過ごしたようである。

タケ夫人との縁談や父・親戚の勧めもあって、一転医学を志すことになり、大正八年四月、東京医学専門学校を受験、これも見事に合格して医学者としての第一歩を歩みだした。同十一年右の医学校を卒業すると順天堂病院外科に入局、翌年には医師免許を得て慶応病院放射線科助手になった。そこでは藤波先生の薫陶をうけ、レントゲン医学の研鑽に邁進し、幾多の実践に明け暮れた。

大正十五年（一九二六）二月、神戸港を出帆してヨーロッパに向かい昭和三年十二月までの三年間、先進医学を学んだ。スイスのベルン大学でドクトル免許を取り、この後ドイツのベルリン大学で癌の研究に励んだ。在欧中は仏・蘭・英・オーストリアなどに遊学してヨーロッパの空気を吸収し、また見聞を広めた。

帰朝後すぐに慶応病院放射線科講師に任命され、同六年には同じ科で教授に昇進した。昭和五年八月十二日、慶応大学に出した学位論文が通過して、「医学博士」の称号を手にした。父自柳はこの件を電報で知って「学位論文が首尾よく通過とのこと、家門の栄誉、挙家一同歓喜に堪えず候」旨手紙に書いて送っている。これ以後二十年間、肺結核・胃癌・気管支炎・脚気・骨肉腫など放射線を使っての医学研究論文を矢継ぎ早に発表している。後年には東京医科大学教授、日本医学放射線学会会長を務めて後輩の指導にもあたった。また、昭和二十九年の太田小学校創立八十周年事業、翌三十年の太田幼稚園創立二十五周年事業の会長を務めるなど地元の教育面でも活躍した。

酒豪でも知られる柳之助は親友の足立忠氏から次のような人物評を得ているという。「楽しみは　後ろに柱　前に酒　気の合うた客　高原の風」

柳之助は昭和三十二年九月、急性肝硬変によって惜しまれつつ逝去。行年六十四歳。

第二章　分家本島家の長男として虎太が誕生

一．父は本島家の次男「進」、母は大塚家の長女「ひさ」

第十代本島自柳（自柳襲名第七代、号撫一庵）は乙女と結婚して四男二女をもうけた（系図参照）。長女竹子は沢山いた弟妹の面倒を母に代わってよく見ていたが、赤尾一六（後に本島一郎と改名）と結婚し、新潟医大教授の夫人となって分家本島一郎家を起こした。

長男柳之助は前述のとおり、自柳を襲名せず本島本家を継いだ名医であった。

次男が「進」で、明治二十九年（一八九六）五月十七日に生まれた。太田尋常小学校から旧制の県立太田中学校（太田高校）に進学し、大正四年（一九一五）三月、同校を卒業した。兄弟が医学系に進学して医師を志したのに対して、進は文系を選んで鹿児島の旧制第七高等学校（鹿児島大学）に合格・進学した。やがて猛勉強の成果が出て、京都帝国大学経済学部に見事合格の栄誉を得て、勉学に励んだ。大正十年（一九二一）三月に同校を卒業し、翌月には郷里太田に帰ってきた。就職は東京電灯㈱（東電）を目指し、小林一三氏との面接のみで一発合格を果たし、東電の前橋支店に配属が決定して勤務が始まった。やがて、本島本家の向かいにあった分家大塚家の銀行員大塚文蔵の妹「ひさ」との結婚が成り、大正十五年暮れには長男虎太が誕生するという慶事が続いていった（図3）。

　しかし、東電入職後九年たっ

図２　「群馬県営業便覧」下巻に見る六丁目界隈（明治37（1904）年３月12日発行）［みやま文庫61号復刻版］

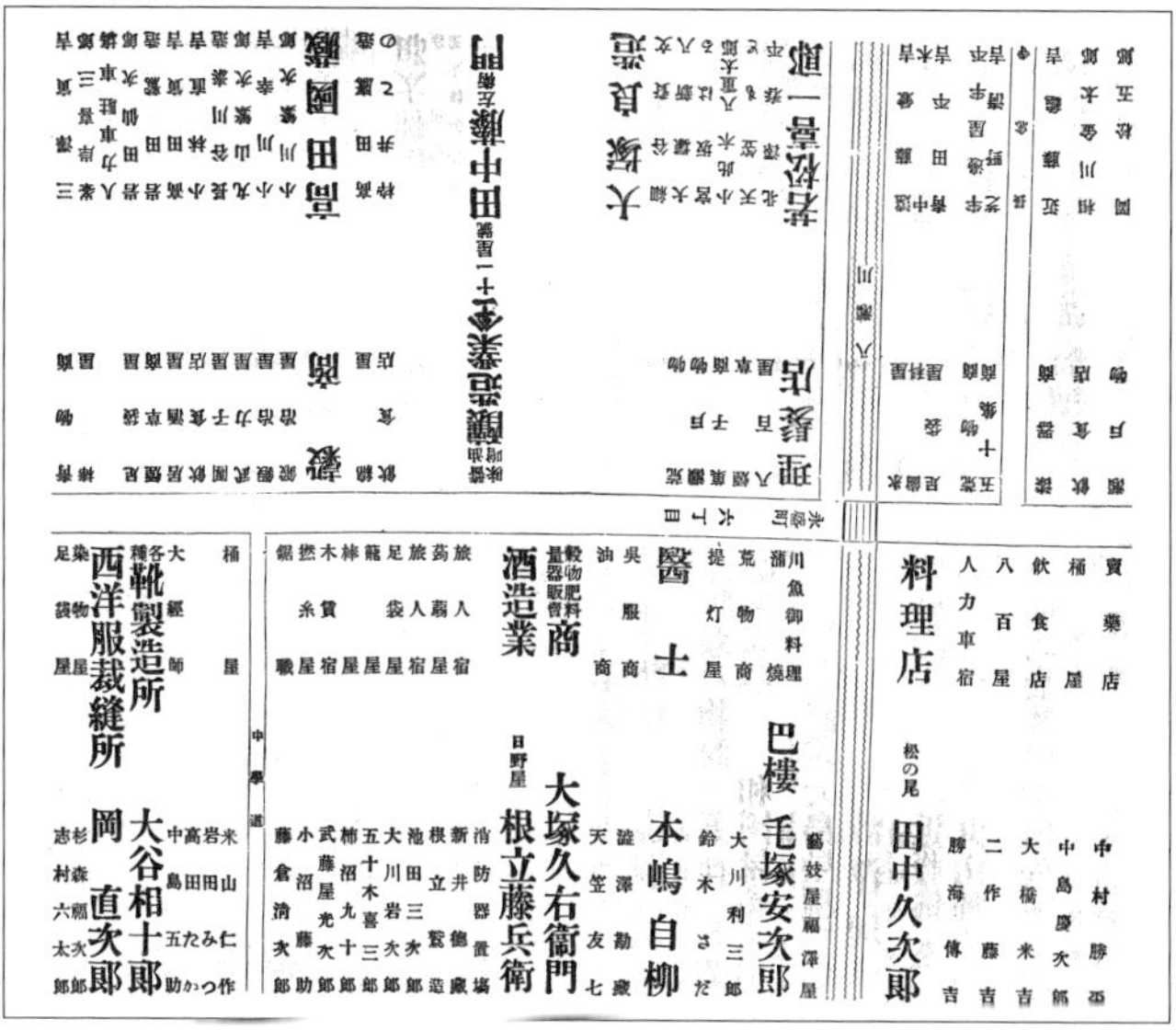

た昭和五年頃、進は結核に罹って体調を崩し、退職のやむなきに至った。家族への感染を恐れ、病気の早期回復を期して、温暖で景観も優れている神奈川県鎌倉市の郊外稲村ガ崎に家を借りて静養に専念するため一家転住していった。若いころは野球・スキーなど運動能力に優れ、選手として活躍したことも

図3　本島家略系図

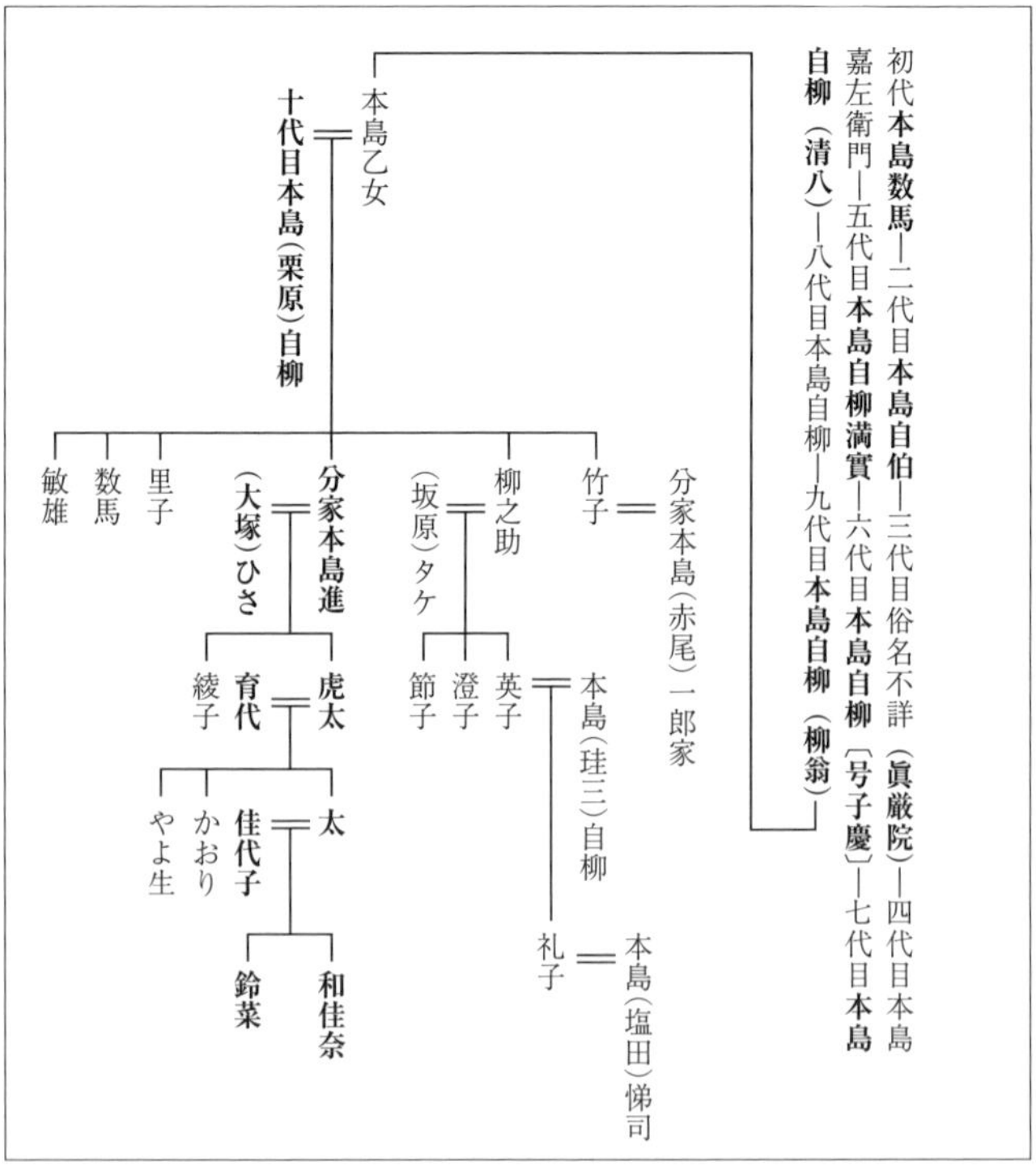

あったという進であったから、残念至極であったに違いない。

昭和十年、八幡山の東麓に五百坪の桑畑を購入して整地し、新居を新築した。これの完成を待って本島進の一家は鎌倉からここ太田へ帰郷し現在に至っている。

太田の旧家であり、遠近に知られた本島家の次男進は幼少期より頭の良い闊達な人物であったから、町の人からも羨望の眼でみられていた。青年期は我が国では大正デモクラシーの時代を迎えており、第一次世界大戦が勃発してヨーロッパは戦火に塗《まみ》れていた。ロシアでは社会主義革命でソビエト連邦が成立して新たな情勢が生まれて来ていた。京都大学では先進的で自由主義的な学風も手伝って、進は革新的な考えをもっていたといわれる。

太田に帰ってからは自分自身の健康管理に配慮しながら子供たちの養育に専念した。

昭和十六年には本家本島病院の建築に尽力し、一部の業務も手伝ったようである。また、地元の太田女子高校の非常勤講師に出講したりもしていたようである。晩年は俳句を趣味として悠々自適の生活を送ったと伝える。長女綾子の死去や長男虎太の骨関節結核で帰京・治療するなど心労が重なったためであろうか、昭和三十四年（一九五九）一月二十九日、病気再発により逝去した。行年六十二歳。戒名「進善院関空疎林法悦居士」、墓所は本町の東光寺にある。

進の妻ひさ（久子）は栃木県立足利高等女学校・山脇学園を卒業後、進と結婚して二人の子供に恵まれ、知性的であり、良妻賢母の女性であったといわれている。進の病気療養にあたってはまさに献身的に看病に当たり、子供たちの教育もしっかりと温顔をもって当たったという。昭和五十四年（一九七九）三月二十四日逝去。行年七十七歳。戒名「智恵院照室友林久祥大姉」、東光寺に眠る。墓地碑背の追悼文が詳しいので左に掲げておく。

分家本島家の墓地に、父進号疎林・母久子連名の俳句三句がある。

碑の表の三句

小娘や　三国一の　桃の花

帽子して　通る娘あり　蝉老いぬ

正月も　梅干一つに　お茶二杯
疎林
久子

碑背には本島虎太が記した父母への追悼文が刻まれている。

父進は晩年句をよくし、疎林と号した。

頭脳明晰、東京電力（前橋支店）に就職したが、結核に罹患（病臥）終生社会人として活躍することはなかった。不遇の中にありながら強靭な精神と不屈の魂は衰えることなく常に端然として余を激励鼓舞した。長女綾子を白血病で失った（太女在学中、十七才、昭和二十一年）ことは大きな打撃であった。

母ひさ（久子）は豊かな知識人であり、病臥の夫を文

碑背の追悼文

字通り真摯に介護し尽した。多くの人々に慕われ、逆境にあり乍ら気丈であり泣き言・愚痴を聞いたことはなかった。その温顔と教えは崇高にして、涙なくして語ることは出来ない。

平成十六年九月吉日
太田都市ガス株式会社社長　本島虎太誌

弟の三男本島数馬は明治四十年頃の生まれらしいが不詳。その後は太田中学校を大正十四年（一九二五）に卒業、資性は洒脱にして和心に包まれ、手技に長ずといわれた。太田中学時代には弟敏雄と共に県下野球界で「本島兄弟あり」として知られていたという。次いで東京医学専門学校を卒業、昭和十二年夏に日支事変（日中戦争）が勃発すると軍医として北支河南に転戦したが黄河の辺で病気となった。帰還後、青木英子と結婚し「駿」をもうけた。昭和二十一年八月十九日、家郷にて四十一歳の

本島進家の墓所

若さで逝去。戒名「眞光院和順清耀（墓石には清輝）居士」、東光寺に眠る。

四男は本島敏雄で明治四十二年（一九〇九）十月に生まれ、太田尋常小学校から太田中学校に学び、兄数馬と本島兄弟として野球界で知られた。昭和二年三月同校を卒業。次いで翌三年四月、金沢の旧制第四高等学校（金沢大学）に進学したが在学二年にして病気により退学、神奈川県逗子で療養中に若くして歿した。行年二十五歳。戒名「厳松院湘南敏雄居士」東光寺に眠る。

右の他の人々は史料がないため不祥である。

二．本島虎太出生、干支から命名か

本島虎太は分家本島家の父　進と母　ひさの長男として、大正十五年（一九二六）十二月十五日、父の勤務地である群馬県前橋市曲輪町で呱々の声をあげた。

40歳代の本島虎太

大正天皇は大正十五年十二月二十五日に薨去され、摂政宮裕仁親王（昭和天皇）が践祚されて「昭和」と改元された。虎太の出生は昭和改元の十六日前のことであった。従って昭和元年は一週間ほどで終わり、正月が来れば昭和二年の元旦となるという次第である。そうすると虎太の同級生は大正十五年生まれ、昭和元年生まれ、昭和二年三月までの生まれの人がいることになって複雑である。

「虎太」という素晴らしい名前はどんな由来があるのだろうか。

虎太が母から聞かされた話は本島本家の祖父第十代当主（号撫一庵）自柳が「そうしろというので虎太と決まった」という。虎太本人はよく分からないという。筆者の私見であるが、虎太の生まれ年の大正十五年は干支では丙寅（ひのえとら）年に当たるので、「寅（虎）年に生まれた長男」だから虎太と名付けられたのではないかと思われるがどうであろうか。虎は力強く、頑健で敏捷性を持っていることから、元気で健やかに、そして聡明に成長してほしいという家族の願いが込められているようにも感じられる。略系図は図3の通りである。

第三章　成績優秀の少・青年期、戦時下を生きる

一．鎌倉尋常小学校から太田尋常小学校へ転校

（一）鎌倉尋常小学校へ江ノ電で通学

前章に見たように、父進が体調を崩し病気静養のため、本島進家は一家転住の形で鎌倉市の郊外稲村ガ崎に家を借りて移り住むことになった。そこは風光明媚で温暖な気候、海風が心地よい環境で、静養先として最適であった。

虎太は満六歳になった翌年の昭和八年（一九三三）四月、新しい学童服に身を包み、心躍らせながら桜咲く鎌倉町立鎌倉尋常小学校（現在の市立鎌倉第一小学校）の門をくぐった。稲村ガ崎駅から乗車し鎌倉駅までのいくつかの駅を江ノ島電鉄（江ノ電）に揺られて通学した。以来三年間、健康で元気な小学生として勉強や運動に励み、史跡の見学や山々の風景を見て楽しい小学生生活を過ごしたようである。学習成績も優れていたようで、本人は、昭和十年三月の三年修了まで鎌倉小学校に在

校していたと語っている。一般の同級生は昭和九年（一九三四）四月に各小学校に入学していることに照らせば一年早く小学校に入学したことになる。生まれ年が大正十五年暮れであり、昭和元年が一週間だけあり、すぐに昭和二年の元旦を迎えるという複雑な時期に生まれたため、虎太の鎌倉小学校への入学が実際の年齢よりも一年早くなってしまったのではないかと考えられる。

　昭和十年（一九三五）三月、父の病気が快方に向かっていたことや八幡山東麓に建築中であった住居も出来上がったこと等から、郷里の新田郡太田町の新居に一家帰還を果たすことになった。ところが八幡山は旧鳥之郷村大字大島字八幡山という住所であったから小学校は二キロ北の鳥之郷小学校の学区になる。父親としては太田小学校へ通学させたいと考えて、本島本家に寄留する形をとって太田小へ通えるようにした模様である。

　昭和十年四月、太田町立太田尋常小学校第四学年に編入するつもりでいた虎太は、理由がはっきりしないまま太田小学校の三年生に編入されて、三年生を二回履修することになったという。ご両親や本人も奇異に感じたに違いないが、後の履歴を見ると太田小学校の三年生は昭和十年四月から年度が始まるので、太田小学校としては三年次編入が妥当と判断して、そのように措置したのではなかろうか。おそらく他の児童より体格もよく、勉強もよくできたので、虎太はリーダー的存在だったと思われる。学業成績はいつも上位に位置し、評価は「甲」が多かったという。

昭和十四年（一九三九）三月、太田の中心校で町民の輿望と誇りを担っていた太田尋常小学校を目出度く卒業した。同年齢児より一年多く履修しての卒業であった。卒業後は健康状態に問題が生じたためか（病気か）、一年間休養したという（盟友石原信雄談）。

二．旧制群馬県立太田中学校に入学し、勉学に励み友情を培う

（一）昭和十五年度から同二十年度までの政治や世相の動向

本島虎太が旧制太田中学校入学から卒業までの五年間は、まさに大東亜戦争の直前から敗戦（終戦）までの時期に当たっており、軍国主義の真っただ中をひた走った時代であったといえよう。

ここで、在学年度ごとに国や社会の動き、世相の動向を『金山麓やまざる流れ

太田高校百年』誌より引用して、断片的ではあるが辿っておきたい。

①昭和十五年度（太中一年生）

昭和十五年は、『日本書紀』によると、神武天皇即位から紀元（皇紀）二千六百年に当たる年として『奉祝』の各種行事が華々しく挙行された。日中戦争は次第に泥沼化しつつあり、出口の見えない状況の中、九月二十七日には日独伊三国同盟が成立し、国内的には大東亜新秩序の確立・国防国家の建設などが声高に叫ばれていた。太田では中島飛行機株式会社の生産が大盛況となり、小泉に海軍機専用の小泉製作所と太田・小泉飛行場の建

図４　群馬県立太田中学校校舎配置図

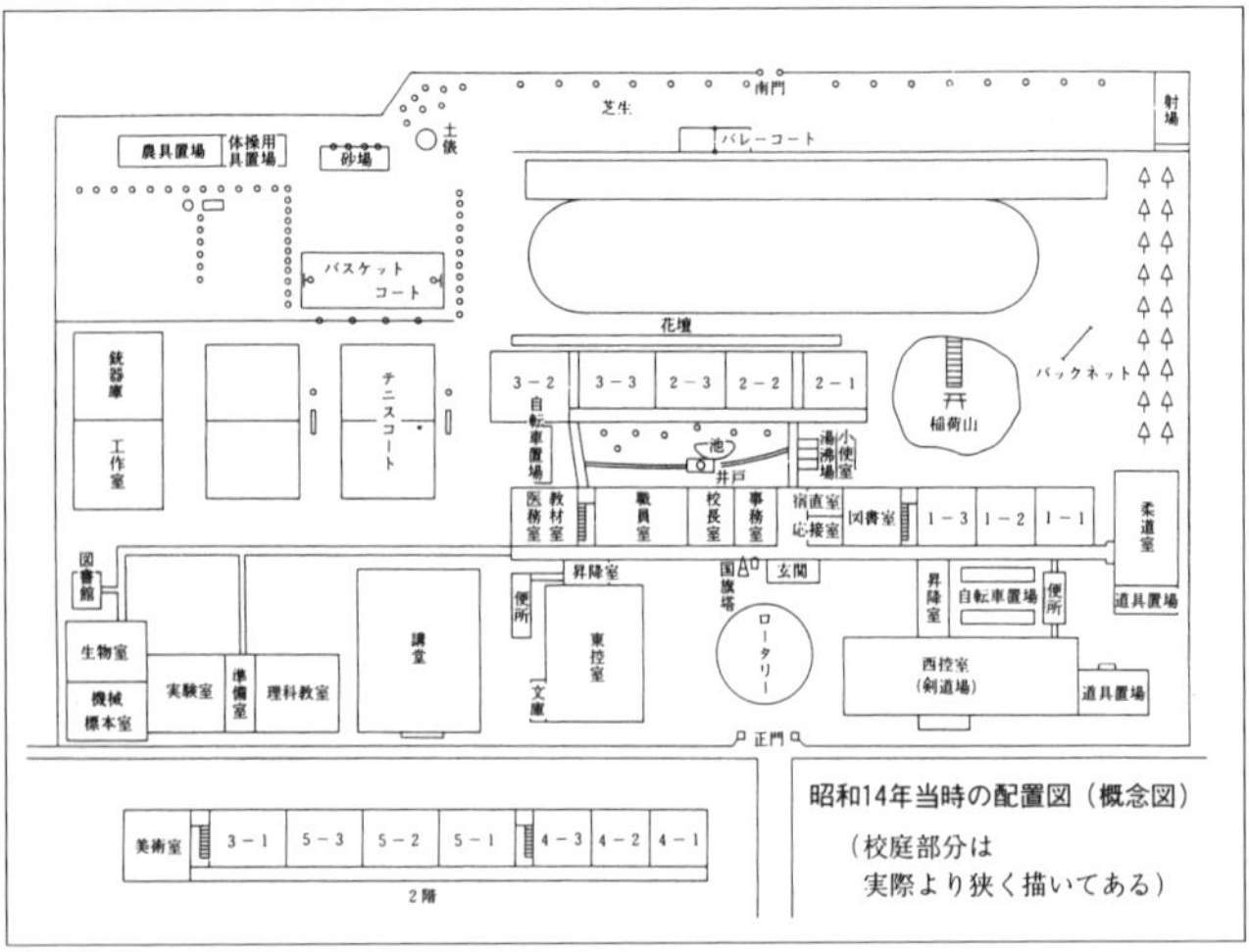

設が急がれていた。物資不足が深刻の度を増し「ぜいたくは敵だ」の標語が作られ、国内物資が不足気味となり耐乏生活をしいられ始めた。三国同盟が締結されると、米国は日本に対して石油の禁輸措置を打ち出してきた。物資不足の中で、国は米の配給制に次いで石油・木炭・マッチ・砂糖・味噌・醤油等生活を支える十品目が統制されて、配給制になった。映画や演劇の鑑賞、女性のパーマ等も制限されたり禁止となって、世相は次第に暗くなっていった。昭和十五年四月一日には、太田は人口三〇万人新興工業都市建設計画や飛行機製造の拡充などの要請から、太田町と九合村・沢野村・韮川村の合併が成り、人口四万四〇〇〇人余、七六〇〇〇戸余の規模の町に拡大した。

また、四月八日「国民体力法」が公布され、十七～十九歳男子の身体検査を義務化し体力手帳を交付することになった。中学校でも柔道・剣道の授業が強化され、雪中行軍・金山登山・夜間行軍・館中や小泉農学校などとの遭遇戦・秋からは体力検定も始まるなど戦時体制への移行が徐々に進んでいった。

②昭和十六年度（太中二年生）

同十六年度に入ると、今年度入学生より生徒定員が一学年四クラス、二〇〇人となり、制服が「国民服」と「戦闘帽」に指定され、校友会は「学徒団報国隊」と改称された。四月十三日には「日ソ中立条約」が調印された。また、本年入学生より中学生の修業年限が四年に短縮され、大学・専門学校生も修業年限が臨時に短縮される通達が発せられた。

十月十八日、東条内閣が成立、日本軍が南部仏印（ベトナム）に侵攻する中、十二月八日、日本軍は突然真珠湾攻撃に出て太平洋戦争が始まった。緒戦の戦果に驚き、マレー沖・フィリピン・シンガポールにおける航空兵力の偉大さに興奮冷めやらなかった。ラジオは軍艦マーチに乗せて連日華々しい戦果を報道し、新聞も大きな活字が躍って戦果を報じた。

この年四月より、小学校が「国民学校」と改称され、同時に「生活物資統制令」が発布された。「米穀配給通帳制」が実施され、翌年二月からは「衣料点数切符制」が始まるなど、軍事優先の時代がひたひたと迫ってきた。

翌十七年一月十日、矢野嘉重郎第八代校長が四十四歳の若さで着任し、戦後の昭和二十一年まで在任して生徒の印象に残る校長先生となった。

　生徒たちは勉強や運動に頑張る中、七月の県下武道大会に於いて柔道が優勝、剣道も初優勝を成し遂げ、校内は明るい空気に包まれた。校内の対抗陸上大会もクラスが一体となって応援し、熱気と若さを発散させた。翌年三月五日、八時から九時の間初めての空襲警報が出されて、生徒達もいよいよ来るかと身構えた。

③昭和十七年度（太中三年生）

　この年度は日本海軍が六月、ミッドウェー海戦で四隻の航空母艦を失ったことから、戦争の行方に暗雲が漂いはじめた。これを転機に米軍による徹底的な反攻が始まり、国内の戦時体制強化が一層進んだ。矢野校長は四月十日、七項目の注意事項を示した。それは、一年生より鞄を廃し背嚢を用いること、全校生徒は脚絆着用の事、靴は編上靴を本体とする、木銃を学校で買い上げる、週番制度を改め五年生のみ九名で行うこと、徽章は体力検査章のほかは用いないこと、外套・マントについては希望者が申し出ること（許可をとること）の七つであった。

　この年から毎月八日は「大詔奉戴日」と決められ、十月八日、初の大詔奉戴日には太田町主催の銃後奉公大会の旗行列に生徒が参加した。勤労奉仕も厳しくなり、五月には学校東から牛沢線道路の修理作業（全校生）、六月には三日間の勤労奉仕（田植えなど援農作業）、夏休みの課題に干し草一貫目（四キロ）を提出させた。十月稲刈り作業のため、三日間勤労奉仕（援農作業）に出動と、学校生活に変化が出始めてきた。

　四月の新旧生徒対面式では対面後、閲兵分列行進を行い、その後一年生二一九人は春日神社・高山神社に入学報告の参拝を実施。また四月中には、生徒は部隊の敬礼を成すべきことを伝達された。四月三十日には陸士合格の卒業生より在校生に向かって激励の講話会があって、聞いた。この年学校にグライダーが寄贈されたので、早速「滑空部」が結成され、九合の飛行場で六日間のグライダー練習が行われた。

　四月十八日、東京・名古屋・神戸などへ米軍機一六機による本土初空襲があった。五月には朝礼時に校長より「陸海軍学校に奮って受験せよ」との訓示があった。同月には金属回収令により、寺院の仏具・梵鐘など強制供出が始まった。七月の県下武道大会で剣道・柔道ともに優勝し、二年連続の快挙であったから、全校生が喜んだ。暮れの十二月二十一日、加重行軍が実施された。これは一五キロ・二〇キロの荷を背負い本校―毛里田丸山―借宿―高瀬―焼山―本校の二〇キロのコースを四時間半で行軍するものでかなり厳しい訓練であった。

暮れの十二月九日、「欲しがりません、勝つまでは」の標語が初めて張り出された。翌年二月一日、日本軍はガダルカナル島からの撤退が開始され、同二十三日には陸軍省より「撃ちてし止まん」の決戦標語ポスターが配布された。いよいよ戦時体制に中学生も組み込まれて、戦闘帽に脚絆、地下足袋姿の太中生が学校にあふれ、学業半分、集団勤労作業半分の中学生活となっていった。矢野校長は、学生の本分は勉強であり、学力低下・勉強意欲の低迷を非常に心配されて「自主的・積極的に工夫して勉学の意思だけは捨てないように」と願い、諭していたといわれる。本島らも訓示を順守して勉強に努力した。

④昭和十八年度（太中四年生）

四月十八日、連合艦隊司令長官山本五十六が戦死、五月にはアッツ島守備隊が玉砕などの悲報が報ぜられ、太平洋戦争は激化の一途を辿っていった。守りの戦いに傾いていた戦況の中、防空演習も日ごとに強化され、太中生は農村での勤労奉仕作業、空襲に備えての防空壕掘りに汗を流した。

五月十七日からは産業戦士（中島工場労働者）輸送を優先するため、始業を三十分間遅らせた。六月からは本土決戦に関係ない行事は停止が通達され、中等学校野球大会は廃止、九月には体育大会の一切禁止などが措置された。六月からは生徒金ボタン回収（一万四千個）、高山神社の銅像献納、八月には校内の新田公銅像・弾丸や戦利品などの献納や金属回収作業などが実施された。同月、太田飛行場でグライダーの滑空訓練が始まり、防空壕掘り四日間、夜行軍が行われ、三年生以上は阿左美・薮塚・強戸・毛里田を行軍しへとへとに草臥れたものであった。九月には三年生以上が防空訓練を実施した。九月二十二日、二十五歳未満の未婚女子が「勤労女子挺身隊」への動員が決定した。十二月末には勢多郡水沼

昭和18年の旧校舎全景

の薪出しに太田付近の二年・四年・五年生が二日間にわたり動員された。翌年一月には「緊急学徒動員方策要綱」が閣議決定され、勤労動員は四カ月間継続されることになった。同三月には学徒勤労動員が通年実施されることが閣議決定されて、苦難の道がますます厳しくなっていった（十八年度の集団勤労作業の出動は十七回、計八十五日におよび、内容は援農・軍需工場・土木作業などである）。また、今年度中の兵士の葬儀への参列二十五回、兵士の遺骨出迎えが六回あったという。

開戦二周年記念に当たって、昭和十八年十二月八日の大詔奉戴日から「我等学徒の誓」と「反省五則」が定められ、宣誓が開始された。その内容は次の通りであった。

我等学徒の誓

吾が郷土に尊皇武勇の勲高く、わが母校に質実剛健の誉れあり、今皇国史上曠古の難局に立つ、吾等亦発奮努力以て学徒たるの本分に徹し、皇運扶翼の大道に邁進せむとす。

反省五則

一　君と親との恩に背かざりしか
二　師友のため不信の行なかりしか
三　男子として卑怯未練の振舞なかりしか
四　学徒として品位を汚さざりしか
五　責任を果たさず努力を怠りし事なかりしか

この年、十一月一日、太田町は鳥之郷村を合併し、人口六万三二二五人、戸数一万一一九四戸の日本一大きな工業の町に発展した。中島飛行機製作所では、小泉工場で海軍の名機「ゼロ戦」を、太田製作所では陸軍の戦闘機「隼」、四式戦闘機「疾風」、重爆撃機「呑竜」「連山」などの名機が生産され太田飛行場から飛び立った。中島の従業員は二〇万人を超え、年間生産機数は八〇〇〇機以上だったといわれる。太中生もこの名機の製作に勤労動員として関わっていくのであった。

⑤昭和十九年度（太中五年生）

この年度は本島ら同級生にとって五年生という最上級生に当たり、進学・就職でも大変重要な一年間であった。しかし、初めは前年からの「勤労奉仕」であったものが七月を過ぎる頃から農村や中島工場などへの「学徒勤労動員」と変化し、ついに十二月頃からは学校が工場になって軍需品の製造が教育の場に同居するという状態になっていった。

太中生の四・五年生は七月十五日から太田の中島工場へ勤労動員が命じられ、陸軍機の胴体や翼のリベット打ちの労働に従事させられた。夜勤もあり空腹と眠気に苛まれ、夏の暑さや埃に悩まされ、監督官の非情さに唇をかんだ者もいて、疲れは限界に来ていたようである。太田製作所の学徒は、入所後間もない七月頃、サイパン島が米軍によって陥落し、全員戦死（玉砕）したことを聞かされていたという。

一・二年生など低学年生は、九合飛行場の勤労作業、八月の盆休みは十日間の家庭勤労作業など、やや配慮されていたようである。

四月二十八日、「決戦非常措置に基づく学校工場化実施要項」が通達され、五月二十九日には県から「同『学校工場化』実施要項」が各校に通達されて、十二月二十六日から四・五年生の一部が学校工場に動員となった。太中の学校工場は講堂・

剣道場・南校舎の一部から工場化して、三・四・五年生が休日を返上して航空機部品の製作に当たったたという。

この年度の勤労総日数は二百六十日で、公休日はわずか二十日、実働二百四十日という過酷さだったようである。

六月から中島工場周辺の民家は家屋移転が決定、八月には国民総武装が閣議決定され、竹槍訓練が始まった。十月末、神風特攻隊の初出撃がフィリピンのレイテ島沖に向けて飛び立った。十一月七日、米軍B二九の二機が太田上空に初飛来して偵察していった。いよいよ本土空襲の恐怖が眼前に迫って、町民や生徒に緊迫感をもたらした。学校では校庭に防空壕を掘り、南方の「焼場の森」（市斎場の所）でも防空壕掘りに勤しんだ。

翌年二月、太田地方の工場・飛行場・疎開工場などに猛爆撃が行われた。二月十日、太田上空に米軍のB二九が八四機（九〇機ともいう）編隊を組んで来襲し、工場の三割を破壊・焼失し、北西の風に流された爆弾は下小林方面の民家にも落ちた。次いで二月十六日の午後にはグラマンなど艦載機が太田・小泉工場、飛行場などに機銃掃射攻撃をかけて来た。同二十五日にも艦載機の爆撃があり飛行機生産能力は壊滅状態となった。生徒は空襲警報が鳴り響くと校舎を飛び出して防空壕へ滑り込んだり、西の杉林を通り抜けて田んぼの溝や物陰に隠れて空襲の過ぎるのを待ったものであった。

　昭和二十年（一九四五）三月二十八日、第四十四回卒業証書授与式が挙行され、五年制卒業生一二七名、四年制卒業生一六五名が太田中学校を旅立っていった。

三．太田中学での生活と本島虎太の回想

入学　一年間の休養期間を置いた後、本島虎太は昭和十五年（一九四〇）四月、憧れの旧制群馬県立太田中学校に合格し、入学した。十五年度、太田中学入学定員は三クラス一五〇人のところ、志願者数は二九六人で、倍率は二・〇の高倍率であった。太田地域の航空機産業の発展と都市計画の進展、町村合併があったことなどの要因から藤岡中と共に県下九中学校のトップとなっており、難関校であったことがわかる（『群馬県教育史』第四巻）。

入試　太田中学校の入学試験は昭和十三年から改定された「三者総合判定方式」に

より行われた。それは小学生の受験準備の軽減を図り、強健な体力を重視する方針から施行されたもので、特徴は筆記試験全廃・身体体力検査の重視にあった。「三者総合」とは、①小学校長から提出された「内申書」②中学校で実施する「人物考査」（一人十五分程度の口頭試問で筆記試験は含まない）③同じく「身体検査」（体力検査を含む）のことである。

履修学科・科目　太田中学校在学中に履修した学科・科目は、「修身」、「公民科」（四・五学年）、「国語・漢文」（一・二年次は習字があり、高学年に作文、文法が入る）、「歴史」（国史・東洋史・西洋史）、「地理」（日本地理・外国地理）、「外国語」（英語で聴方・書方・話方・読方・作文・文法）、「数学」（算術・代数・幾何・三角法）、「理科」（甲と乙があり一般理科・植物動物衛生・物理・化学・応用理科）、「実業」、「図画」、「音楽」（一・二年次のみ）、「作業科」、「体操」（体操・武道・教練）などで勉強は大変であったろうと思われる。週授業時間数は一・二年が三十時間、三年が三十二時間、四・五年は三十一時間であった（『太田高校九十年史』）。昭和十八年度からは小学校が「国民学校」と名称が変わって一層軍国主義教育が強化されたが、

表1　昭和18年中学校教科教授及修練指導要目（小分科・教授時数配当表）（授業年限4年のもの）

			第1学年	第2学年	第3学年	第4学年
国民科	修練		1	1	2	2
	国語	講読				
		国文	（2）	（2）	（2）	（2）
		漢文	（1）	（1）	（2）	（2）
		文法	（1）	（1）	(0.5)	(0.5)
		作文・話方（低学年）	（1）	（1）	(0.5)	(0.5)
			5	5	5	5
	歴史	東亜及世界	（2）	（1）		
		皇国	－	－	（2）	（2）
			2	1	2	2
	地理	欧阿米各地域ノ特性	（1）	－	－	－
		日本	－	（2）（日本・東亜）	－	－
		東亜	－		－	－
		国土国勢	－	－	（1）	（1）
38			1	2	1	1
理数科	数学	第一類	（2）	（2）	（2）	（3）
		第二類	（2）	（2）	（2）	（2）
			4	4	4	5
	物象		基礎的操作と観察	非金属元素 有機化合物	地質鉱物， 天文気象	機械と工業
			2	2	4	4
	生物		一般的考察（植物，動物，人）		生物のはたらきと環境	繁殖，遺伝
36			2	2	2	1
体錬科	教練	（各個数教錬，部隊教練，射撃，礼式，指揮法及教育法，陣中勤務，軍事講和）	（3）	（3）	（3）	（3）
	体操	体操及競技，衛生訓練	（2）	（2）	（3）（体操・武道）	（3）（体操・武道）
	武道	剣道，柔道，銃剣道	（2）	（2）		
26			7	7	6	6
芸能科	音楽	歌曲，聴覚訓練，音楽理論，鑑賞	（1）	（1）	3（音楽・書道・図画・工作）	3（音楽・書道・図画・工作）
	書道	用筆及結体，実習，書式，書蹟ノ鑑賞	（1）	（1）		
	図画	描画，図案，製図，鑑賞，基本工作，製図，応用製作	（1）	（1）		
14	工作	家庭用，工作用，農業用，機械、兵器等ノ分解，組立	（1）	（1）		
			4	4		
実業科 16	農業， 工業， 商業， 水産		－	－	（4）or （4）（実業科・外国語科）	（4）or （4）（実業科・外国語科）
外国語科	英語， 独語， 仏語， 支那語， マライ語， その他	聴方及話方，読書作文	4	4		
修練 12		研修，鍛錬，作業ニ関スル事項	3	3	3	3
毎週授業総時数 142			35	35	36	36

（ぎょうせい『旧制中等学校教科内容の変遷』による）

十八年度の履修科目は表1（37ページ）の通りである。

『稲荷山残照』に見る太中時代の生活　本島虎太らの同級生が六十歳の還暦を迎えた時に編集・発刊された四十四回卒業生の想い出の記を載せた書物が『稲荷山残照』である。

　この冊子に取り上げられている項目と主な内容は、次の通りである。

○生徒心得…太中生の校内外の生活規律を細かく規定し、生徒自身の進退、挙措、態度、心構え、服装をただすこと、礼儀正しくすること、賞罰のこと、諸届など細かく規定してあった。

○制服・制帽…夏服は霜降り、冬服は小倉の黒色で詰襟、左襟に学年章（Ⅰ・Ⅱ・Ⅲなどローマ数字）、六月一日と十月一日が更衣日。鞄はズックの肩掛けだった。

○講演・講話…先輩・軍人・師範学校教諭・新聞記者などが時局講演や軍事講話、戦況、陸士や海兵の募集講話などがあり、新知識を身に付け、教養を高め自己啓発させる場として大切であったし、進路決定の指針にもなった。

○映画見学…年に数回真砂座・大勝館・太田映画劇場などで戦争物・ニュースなど

国策に沿ったものを見せられた。生徒は映像の素晴らしさに胸躍らせた。
○遠足…本島虎太の学年は修学旅行を実施せず皆残念がっている。遠足は二年次まで は実施されて、五月に高津戸峡や唐沢山にいった。
○通学団…入学と同時に出身町村ごとに作られていた通学団に加入させられた。通学団の活動内容は朝起き会・神社参拝や清掃・百社詣・稲刈り勤労奉仕・堆肥増産作業・慰問文発送・防空訓練・町行事への参加・英霊凱旋出迎え等色々だが先輩と後輩の縦の絆を強くするのに役立った。
○運動会…昭和十五、十六年度は行われたが、十七年度は「体育練成大会」と名を変えて実施された。以後は実施されなかった。
○体力章…体力検定は昭和十五年度から実施され、百メートル走・二千メートル走、走り幅跳び、懸垂、手榴弾投げ、土嚢運搬が行われた。合格者には成績によって金色・銀色・銅色の「体力章」が授与された。
○マラソン競走…毎年四月下旬から五月上旬にかけて全校で行われた。一年次は牛沢道路から岩瀬川―矢島から熊谷街道を北上して学校に帰るコースだった。二年次以後は本町通りから桐生県道を北上し丸山の辻で折り返すコースになった。

○寒稽古…週二時間の正規「武道」授業は各人が柔道か剣道を選択して授業を受けた。部活として柔道部・剣道部があって練習に努力した。全校生徒を対象に武道奨励と心身の鍛錬のために、毎年一月中旬には六日間の寒稽古が行われた。

○紀元二千六百年記念行事…虎太らが入学した年は標記記念の年として、華々しい行事が実施された。「大中黒旗奉戴継送・迎送」では沿道に並んで藤阿久まで迎送した。「勅語奉読式」は十月三十日、全校生徒参加によって一時限目に行われ、その後生徒個々人が勅語謹書を行った。

○配属将校・教練査察…各校には現役将校（中尉・大尉くらいか）の配属将校と教練嘱託教官各一名が置かれて、配属将校は四・五年生を担当し、週二時間の教練と卒業時の教練合格認定を担当し、それ以下の学年は教練教官が指導に当たっていた。

○野外教練・行軍…金山や利根川方面、宝泉・細谷方面、世良田方面、毛里田方面などへの行軍、払暁戦や市街攻防戦・分列行進・夜間行軍などが厳しく行われた。

○開戦…昭和十六年十二月八日早朝、大本営発表によって真珠湾攻撃のニュースを聞いた。学校では臨時の全校朝礼が開かれ、生徒は壇上に立った小林教頭が仁王立ちの姿で激しく米英撃滅を叫んでいるのを聞いた。この日を記念して毎月八日は「大詔奉戴日」と決められ各種行事が執り行われた。

○飛行場建設作業…十五年度に太田製作所と小泉製作所の中間地域に約四十万坪の太田飛行所の建設が始まり、同年の夏休み八月二十二日から二十四日までの四日間、暑い日中に草刈り勤労動員に従事させられた。

○金山・高山参拝…新田義貞公、高山彦九郎を祀る両神社はやがて、愛国心の鼓舞・高揚・皇軍の必勝祈願などのために登山・参拝がしきりに行われるようになった。

○勤労奉仕…入学早々の六月、早くも麦刈りに動員された。稲刈り・道普請・校内や飛行場の退避壕掘り・田の草取りなど使える労働力として動員された。

○学徒動員・学校工場…昭和十八年六月二十五日、東条内閣が「学徒戦時動員体制確立要綱」を閣議決定、同年十月に「教育に関する戦時非常措置方策」、翌十九年一月に「緊急学徒動員方策要綱」が相次いで発布され、生徒は勤労奉仕から工場動員、やがて学校工場勤務という道を辿った。この頃は兵隊にとられたり工場の工員や徴用工で働く男子や女子挺身隊で動員された女子を除くと、残る労働力は子供や学生くらいになっていた。太中生は十九年七月から、「第三次動員」として県内九中学の生徒と共に動員され、中島飛行機㈱の太田工場へ出勤した。毎日、電車通学の生徒を待って門外で整列、四列縦隊で歩調を取り、正門より門衛に敬礼しながら入所した。服装は全員が国防色の国民服で、工場内は各組ごとに各職場に配置され、職場長の指揮下で飛行機部品の鋲打ちと組み立て作業を行った。作業時間は休憩を含めて八時間労働・夜勤なしの約束であったが、八月以降は二直制となり、慣れない夜勤もさせられた。工場動員の傍ら学校で日曜などを使って授業が行われたので眠気と疲れで大変だったようである。

　同十九年十二月二十六日頃から、太田中学校での学校工場が実質的に始動した。使われた教室等は講堂・東生徒控室・平屋立て南校舎であった。二階建ての本校舎の東端に建て増しをして五〇馬力のコンプレッサーが据えられていた。仕事は太田工場でしていた戦闘機キ八四「疾風」の部品作りであった。しかし仕事も資材不足などにより順調には進まず、工場の雰囲気も盛り上がらずに敗戦への道を突き進んでいったといわれている。

　本島虎太は「東の工作室にいて資材係をやっていた。病気で休んだ後は石原信雄君が長になり、織間君が代わってやっていた。ここでは電気ドリルなどの道具、特に消耗が激しかった電ドルの針などから始まって、箒・塵取りに至るまで現場で使う道具の出し入れをした」と座談会で語っている。

○日曜授業…十九年に入ると勤労動員、工場動員、学校工場化などで正常な授業はできなくなり、日曜日の特別編成授業が発表された。日曜日に登校し授業を受けたのである。学校工場での作業と勤労奉仕が多くなり、授業時間の確保が困難になったのを補充しようとしたのである。太中生はそんな中でも頑張って勉強に励んだ。

○太田大空襲…十九年の十一月七日、Ｂ二九が初めて太田上空に姿を現し、その後は頻繁に警戒警報・空襲警報が発令され、生徒はその都度退避・工場復帰・生徒帰宅等が繰り返された。初めての大空襲は昭和二十年二月十日の午後で北西風の吹きすさぶ中、Ｂ二九が九〇機ほど来襲し、太田工場めがけて大爆撃を開始した。工場の大半が破壊され、東の民家にも被害が及んだ。以後、同月十六日、二十五日にも艦載機による爆撃が襲い、小泉工場・太田飛行場なども壊滅状態になった。

このように虎太らが在学した太田中学時代は、戦争のさなかに青春を過ごし、お国のために若い力を捧げた未曽有の時代を生きたといえよう。

(二) 本島虎太の太中時代の回想

前掲の『稲荷山残照』の中の「回想編」に、本島虎太は『断片』という一文を載せているのでここに再録して、中学時代の生き様の一端を垣間見ておこう。

還暦の頃の
本島虎太

断　片

本島虎太

◎柏木校長先生　一年に入った時、当時の太田付近の秀逸が集まっているので小学校とはいささか異なった新鮮さがあったが、柏木先生の思い出は端正な顔立ちの中静かに話す話しぶりと当時の教諭の制服の肩のあたりにつぎがあたっており如何にも質実剛健にふさわしく、今も覚えている。

◎映画見学　いささか不勉強の私には、今日は映画を見るぞという触れは大変嬉しく記憶として強烈であった。今の太田女子高校の南で大間々県道と前橋古河線のT字路に交わる元六丁目付近にできた映画館は今はないが、ボーア戦争を見学した記憶があった。印象として強く残り侵略とはこのような方法があるものかと思いました。

◎入学の頃　私は太田小学校松組でした。長門、渋沢、阿由葉、桑子、寺田、茂木、今井孝造、金子各君がおりました。竹組もありまして大塚久一、神藤、横山、津久井慶三の各君がおられました。正直なところ伝統ある太中に入学できた時は嬉しく、前面の壁が取れたような爽快さを覚えたものでした。

　西の集会所で初めて整列し級長、副級長が解りました。強戸の木暮君が一組の級長なので驚きました。私は長門君が一番かなと思ったからです。正田英作、粂内、織内、岡芹、鶴谷等々全く知らない顔が上位にいるのに一驚し世の中は広いものとの印象が残っております。その後驚いたことは正田英作君が習字をするといつも「甲上」であり、正田壌君の絵が又「甲上」、津久井義男君の工作が又「甲上」であることでした。今から振り返ると吾々の四十四回生は非常に多種面に亘り才人が揃っていたことが解りました。

◎通学　通学の思い出は徐々に薄れてきている。ただ私達の通学班のそばに阿由葉君と松下君がいられたので、特に松下君は松下先生のご子息と云うことで特別な目で見ていたことがあり、阿由葉君が真面目な顔をして鞄を短くしょって先生に会うと「頭右」と大声を出しているのが印象に残っている。先輩に長島兄弟、茂木兄弟等々がおられ幾分恐怖の気持ちもあった事を覚えている。

◎剣道部寒稽古　どうゆうわけか私は剣道部に入部しました。結果的にこれが良かったか、悪かったかは別として色々勉強にもなりました。当時昭和十五年頃の先輩に横山慶司氏、茂木、寺田、小花各氏、そのあと須藤、長谷川氏等々がおられました。私の同級生では茂木、亘、長門、市川、城山各君がおられたかなと思っております。先生は塚越先生でした。

　寒稽古は誠に辛く、毎日の稽古も厳しいものでした。ただ、寒稽古のあとモチを焼いていただいたのを覚えております。塚越先生は当時四十五、六歳にみえ、老巧の太刀裁きの感がありました。一年位で本間先生に代わりました。本間先生の太刀は一見乱暴で塚越先生の美しい巧みさに欠けたように見えましたが、非常に力のある剣で相手を圧倒しており、強烈な個性あふれる朴訥の方と受け取っております。その訓練は熾烈なもので、早朝・昼休・放課後と行われたもので、脱落する方もあったようです。しかし、その結果太中剣道部は強くなり、県優勝を何度か先輩達がしたものであります。

当時柔道部の能登又吉先生の訓練も同じであり、近隣に両部とも敵なしの一時代を築いたものでした。それは剣道で長谷川氏時代、柔道で尾林・小林氏時代でありました。四十四回生では茂木達夫君、故亘君が最後まで頑張ったようです。卒業時にたまたま茂木達雄君と試合をしてみたところ全く歯が立たなかった記憶があります。尚、剣道の先生は本間先生がおやめになり、小川先生が来られました。小川先生は剛直な幾分一本筋の先生で真面目な人でした。たまたま本年太田女子高にお孫さんが就学しており、先生の娘さんにお会いすることができました。

◎勤労奉仕の時代　三年の頃より稲刈り、麦踏み等の勤労奉仕が行われた。最初は回数も少なかったが次第に増えて泊まり込みの奉仕が始まった。もっとも四年五年になると中島飛行機工場への勤労奉仕が大部分となったが、しかしこの農家への奉仕は私にとり貴重な体験となった。お米が極めて大切な時代であり、甘藷が重要な食事であった。当時朝日というお米が非常に上等のお米であった。私たち中学生が稲刈りをすると穂が落ちてしまうので農家の方々より叱声をいただいたことを覚えている。田植えも経験し、又麦踏み、そして肥料造りも手伝った。総じて農家の方々には吾々太中生に親切であり、青春時代のロマンチックな想い出が多かったように覚えている。

　工場の奉仕については最初現在の富士重工群馬製作所に配属され、黄色の労働着を着て自転車で通った。主に仕事はリベット打ちで、あまり多くのリベットを打った為最後は見事に打てるようになり、熟練工とはこんなものかと自分で思った程であった。飛行機はキの四四、キの八四、そして呑龍という爆撃機であった。キの四三は隼、四四は鍾馗、八四は疾風という戦闘機であった。

　吾々中学生には熟練工の班長さんが決められていた。私の班長さんは普通の工員さんで勿論学歴も小学校だけの人だったが、仲々良い人で最近まで時たまお会いする機会があり私を頼って病院においでになった時もあった。リベット打ちはともかくヤスリで削り合わせの技術は全く下手で叱られたりし、又自分でもこれでは逆に能率はあがらず足を引っ張ることではないかと思ったりした。食事は悪く結核が強烈な病気となり幾人かの同僚友人が倒れた。微熱が続き次第に弱まるこの病気について当時不思議なものとして写った。

◎B二九爆撃の話　戦争末期の頃昭和二十年二月の頃でしたかB二九の空襲があるとの報が入りました。私たちはたまたま校舎におりました。空はよく晴れ、上空殆んど雲はない状況でした。空襲警報のサイレンが鳴りました。しばらくして東の空の方に銀色に輝く飛行機集団が高空より近づいてくるのがかすかに見えました。当時の教官石原大尉が防空壕に入るよう指示しました。

　高く飛来する飛行集団に不思議と逃げる気もせず当時の細かいことは分かりませんが、私は地上に伏し、防空壕には入らなかったのではないかと思います。北風は非常に強く吹いており、風の音で高空のエンジン音は十分聞こえない状態にあったのかもしれません。日本軍高射砲による白い煙の玉が徐々に近づいてくる飛行機集団の下に散るのが見えました。吾が戦闘機はと、若い私は期待しました。何かきらりと光る小さな物体が左右で一機又一機動いたような気がしました。突然白い何条もの線が下に向かって出来ました。即ち白煙の縦線であり、銀色の飛行集団の下に幾条、いや何十条の白煙ができました。なんだろうと私は思いました。

　それは多数の爆弾が正に投下されていたわけであり、それは後で理解できたことでありました。その頃飛行集団は完全に頭上に達しました。ふと東の方を見ると巨大なる爆煙が中島飛行機製作所のあると思しき方向に凄まじく登っており、私は初めて爆撃の恐ろしさを知りました。強い北風が吹き爆撃の音はそれほど記憶にありません。その頃上空の飛行集団の中の二機がヨロヨロと木の葉の散るようにゆっくり落下するのが見えました。その感動は忘れられないものであり、万歳を同級生達とした記憶があります。

　本島虎太は、右のような戦中時代を旧制太田中学校で送ったので、少しくどい記述になったが当時の社会状況、学校生活の一端が偲ばれるので参考のため記述した。

虎太の学業成績は、本人の言では「中の上」または「上の下」と遠慮がちに言うが、全体の十番以内に位置していたといわれ、優秀であった。後に、熊本の旧制第五高等学校に進学できたことから見ても、優れた成績をもって卒業したと思われる。受験勉強は特別に塾に通うということはなく「自学自習」が基本であった。

本島家は太田における名家であり、医家の名門で地域の信望が厚いので、虎太は将来「医師」になることを目指して勉学に励んだ。級友・同期生に東大進学を果たした元内閣官房副長官石原信雄と獨協医科大学名誉教授田島（旧姓遠坂）芳雄を

太田中学校第 44 回生卒業記念写真

トップとして、織間利英医師・東京広告㈱社長故佐藤和久・僧侶で高校の校長を歴任した故若槻範隆等がおり、地元太田でも小学校以来仲良しの友人は多いところから、多くの刺激を受け、切磋琢磨の努力をしたといえよう。

中学時代に上級学校進学への動機付けは、新潟医科大学の教授から学長まで昇進した義理の大伯父本島一郎と父の本島進が激しい議論を戦わしていたのを見て、上級学校への憧れを胸に刻んだことだ、と筆者に語ったことがあった。

田島芳雄氏

昭和二十年（一九四五）三月二十八日、本島虎太ら旧太田中学校の五年制卒業生一二七名と四年で卒業となった一年後輩学年の一六五名は、第四十四回生として母校を羽ばたいていった。このことは開校以来初めてのことで、二学年同時卒業という後にも先にもない卒業式で

本島太氏（左）と田島芳雄氏（中央）、筆者（右）

あったといわれている。この卒業の日は、三月十日の死者一二万人余を出した東京大空襲から十八日後であった。

同期の卒業生で、太中から東大医学部に進学した獨協医科大学名誉教授田島（旧姓遠坂）芳雄は、インタビューに答えて本島虎太について次のように話してくれた。

田島芳雄氏（左手前）を囲んで著者と本島太氏

「本島君は剣道部に所属し、励んでいた。太田中学校時代から成績も優秀で、医学方面に進学志望があったと聞いている。また、彼は企画力があり、後に商工会議所会頭として活躍する素地があったようだ。立派に大成したと思っている」

また、伊勢崎の退魔寺住職で太中から大正大学専門部高等師範科（国語・漢文専攻）へ進学し、県内高校の教諭・教頭・校長（太田高校校長を最後に定年退職）を歴任した故若槻範隆も「私は柔道部で活動したが本島は剣道部に所属し練習していた。彼は敏捷な体をしていた。中学校時代の彼は頭の良い人だと皆に知られていた」とインタビューで語ってくれた。

第五高等学校の看板がかかる表門

本館正面 2009 年 9 月撮影（撮影坂本徹）

第四章　熊本の第五高等学校に進学、医師を目指して猛勉強

一．旧制第五高等学校の沿革概要と第十二代校長本島一郎校長先生

初めに、旧制第五高等学校について述べておこう。第五高等学校は、昭和二十四年に制度改革により熊本大学に統合されたため、足跡は「熊本大学五高記念館」に保存されている。その五高記念館のホームページによって沿革などを辿っておきたい（所在地は熊本市中央区黒髪二―四〇―一、図5参照）。

旧制第五高等学校は、中学校令に基づいて全国に五カ所設置された旧制高等中学校の一つで、明治二十年（一八八七）に「第五高等中学校」として創設された。明治二十七年（一八九四）の高等学校令により「第五高等学校」と改称された。もともと長崎にあった医学部は明治三十四年に「長崎医学専門学校」（後の長崎大学医学部）として独立し、明治三十年には工学部が「熊本高等工業学校」（後の熊本大学工学部）として独立した。

五高を含む当時の高等学校教育の目的は、「帝国大学で学ぶための基礎的教育をすること」にあり、第三代校長嘉納治五郎・英語教師の夏目漱石・外国人教師のラフカディオ・ハーンをはじめ多くの優れた教授陣のもとで、生徒達は勉学やスポーツ、文化活動、寮生活を謳歌した。卒業生は東京・京都・九州など旧帝国大学へ進学しさらなる勉学に励んで、卒業すると各界で活躍し、日本の近代化を支え、牽引していった。物理学者寺田寅彦・総理大臣佐藤栄作など学界や政界、教育界、財界などに多くの人材を輩出している。

戦後の学制改革により、昭和二十四年

図５　熊本市街図
(左中央の熊本城より北東に五高あり)

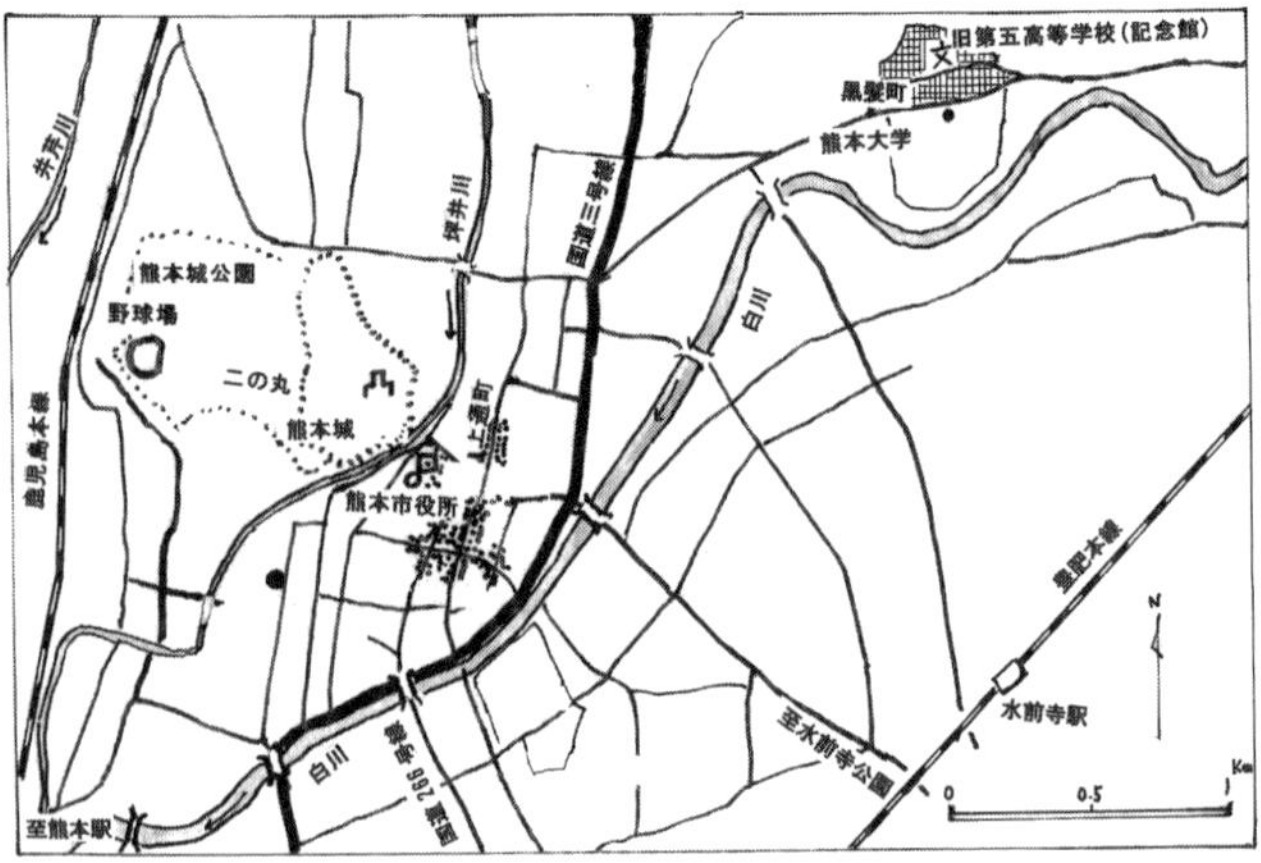

（一九四九）に五高は六十三年の歴史を閉じて熊本大学へ統合され、現在に繋がっている。

二．旧制第五高等学校理科乙類に合格

本島虎太は旧制太田中学校を卒業した後、昭和二十年度入試に際して父進が強く五高受験を希望したこともあり、東京で受験できたので第五高等学校の理科乙類を受験した。見事に合格して家族や友人たちは大いに喜んだようである。しかし、この年は日本が第二次世界大戦（大東亜戦争）の無条件降伏をした年であり、食料不足・就職難・海外からの帰還者の大量帰国・社会不安・連合軍の進駐と跋扈など、平和が期待できる安堵感の中にも未曽有の混乱期を迎えていた。東京は三月十日の大空襲で下町一帯は焼け野が原になって瓦礫の山が築かれていた。駅や鉄道も破壊され、地方の広島や北九州地方なども壊滅的な被害が広がっていた。

虎太は合格したものの敗戦後の右のような状況などから、就学するのは困難と判断したのであろうか、昭和二十年度は同二十年十一月三十日より「休学」措置を申

し出て許可された。そのため同年度は家庭で待機したと思われる。

翌昭和二十一年（一九四六）四月、復帰しようとしたが、一年下級生の上田京二の証言によると、昭和二十年度と二十一年度の入学者は総て十月一日付の入学とされたという。戦後の混乱と社会情勢の影響が入学時期の遅れにも及んだことが解る。

右の二カ年度の一学年は、一クラス定員はほぼ四〇人で、文科系が三クラス、理科甲類が三クラス、理科乙類一クラスの七クラス、定員は二十一年度が二七七人であったという（「五高記念館」提供資料による）。

本島が入学したのは理科乙類で、将来「医師」になることを目標にしている生徒が多く、皆優秀な人達であった。先生も実力があり、熱心に授業に取り組んでくれたので授業についていくのは並大抵ではなかったといわれる。幸いにも、良き友松谷、室、上田などを得られたことは励みになるとともに大いに刺激を受けて勉強に励むことができた。松谷蒼一郎は東京大学工学部建築科卒業、建設省建設局に入省し同局長に昇進し、後に参議院議員になったエリートである。室隆雄は東京大学医学部を卒業し、医師として活躍し、都立駒込病院副院長を勤めた人物である。室は寮でも下宿でも本島と一緒で仲が特によかった友人で、ほとんど勉強している様子は見られないが成績は抜群であったという。

　上田京二は昭和四年三月生まれで父の勤務の関係で満州（中国東北部）の奉天・大連などで義務教育を終え、昭和二十年四月、江田島の海軍兵学校に合格して入学したが、日本の敗戦に伴い同校が廃止されたので、やむなく第五高等学校を受験することになった。同二十一年入試で合格し、同年十月五高に入学できた。学生寮は一室二人部屋にはいり、一年の三学期は本島と同室だった。二年次には室君と同室になって、勉強に打ち込んだ。勉強の傍ら、文学書や哲学書などをたくさん読み、時には友人と議論を戦かわしたものであった。上田は昭和二十四年三月、五高を卒業し、四月から官立「熊本医科大学」に進学し、四年間勉学に打ち込んだ。医師免許を取得した上田は、大阪大学医学部付属病院産婦人科に勤務し、さらに熊本大学医学部附属病院等の国立大学の付属病院に務めた後、昭和四十三年七月、三十九歳で独立し、開業して今日に至る。診療科は内科・小児科を主体とし、外科・産婦人科まで幅広く対応しているという。

虎太は良き友人に恵まれ、素晴らしい教授陣に囲まれて、遠い九州熊本での学生生活が始まったのである。

三．秀才揃いの旧制第五高等学校で猛勉強、学力を養う

(一) 本島一郎校長との邂逅と別れ

第五高等学校第十二代校長は本島一郎先生で、昭和十九年（一九四四）から同二十三年（一九四八）三月までの約三カ年半、校長職にあって生徒の指導と学校運営に奮闘した。

第五高等学校
12代校長
本島一郎

一郎校長は群馬県新田郡薮塚村の教員官舎で父赤尾豊三・母ヨウの長男として生まれ、赤尾一六と名付けられた。幼少の頃から聡明な一六は本島本家に養われて旧制の群馬県立太田中学校、仙台の第二高等学校、東京帝国大学医科大学と進んだ秀才であった。東大では整形外科学を専攻し、本島家の長女竹子と結婚、旧姓名赤尾一六を本島一郎と改姓し、東京帝大に奉職した。やがて恩師の田代義徳東大教授の

推薦で、大正六年（一九一七）十月六日、新潟医学専門学校（新潟大学医学部の前身）の教授に任命された。以後、附属病院長を兼務し、最後は新潟医科大学の学長を勤めた。

本島一郎学長は常日頃から「大学教官にも定年制を設けるべきだ」と主張していたという。一郎はそれを実践すべく、六十歳の定年を迎える昭和十九年（一九四四）九月九日、決然として後事を第五代学長に託して退職していった。退職後はしばらくの間ゆっくりした時間を持ったようだが、その頃当時の文部大臣田中耕太郎から「第五高等学校の校長が空席になっているので校長として赴任しないか」（要旨）と話を持ってきた。一郎先生は即座に応諾したという（新潟医科大学整形外科教授『本島一郎伝』）。

こうして五高の第十二代本島一郎校長は、第十一代校長添野信（そえのしん）の後任として迎えられたのであった。したがって、本島校長は十月から十一月にかけてのある時点で、第五高等学校の校長に着任し、以後三年半ほどの任期を全うして、昭和二十三年三月、竹子夫人の待つ新潟へ帰っていった。

大伯父本島一郎が校長として赴任して二年目の十月、入学してきた本島虎太は久しぶりに一郎先生に会って、懐旧の話をしたものと思われる。入学当初は宿舎がなかったためか、校長官舎の一室に同居させてもらったという。終戦当時のことや学生生活のことなどいろいろと教えてもらったという。一郎先生の印象で一番感じたことは、よく勉強しているし、タバコをくゆらせながら校内を散策していたこと、ドイツ語はペラペラであることなどであった。校長としては、五高生との交流を喜び、ファイヤーストームがあれば校庭に出ていって楽しそうに眺めていたという。時にバイオリンの辻女史を呼んで、音楽の聴き方、マナーなどをそれとなく教えていたという。「風呂は綺麗に入れ」とか生活の細かいところも教えていただいたという。衝撃的だったのは昭和二十三年三月の校長退官式のことであった。一郎校長は少し酩酊の様子であったが全校生が整列する中、壇上に一人現れた校長は、にこやかに一言「諸君、御機嫌よう」とおっしゃったきりで、壇の後に消えていったのであった（同右書）。

（二）学習内容

虎太が入学した理科乙類は将来医学部に進学して医師を目指す秀才が多く集まっていた（他に農学部等への進学者もかなりいたようであった）。一般教養的な国語・漢文や歴史・地理などは基本のみを学習し、英語は全学年を通じてみっちり学習させられた。またドイツ語も基礎から学んだ。理系の物理・化学・生物は座学・実験などもきちんと、厳しく学習させられた。特に数学は微分・積分は勿論、統計学・確率など三年次で学んだ。生徒たちは予習・復習を兼ねて夜遅くまで勉強に励み、振り落とされないよう頑張った。

(三) 寮生活と学校行事・部活動等

明治二十二年（一八八九）十一月、生徒のための学生寮「習学寮」が教室本館の北側に南北二寮で開設された。当初は全寮制度が目指されたが、明治三十四年（一九〇一）年度から一年生のみ全員入寮することになった。大正二年（一九一三）に

五高の教室風景
熊本大学五高記念館所蔵

伝染病が流行したため一時閉鎖され、取り壊されたが、大正四年には再び新築され、再開されて昭和二十五年まで使用された。五高生は一年次に寮生活を体験し、友情を深め、集団生活の基本ルールを学ぶことになる。

習学寮では生徒による自治が行われて、惣代・委員には選挙で選ばれた二・三年生が残って運営に当たったという。炊事記念日・阿蘇登山・球磨川下り・金峰山登山などの行事が実施された。

大正八年（一九一九）に決められた「寮生誓詞」には次のような言葉が書かれている。

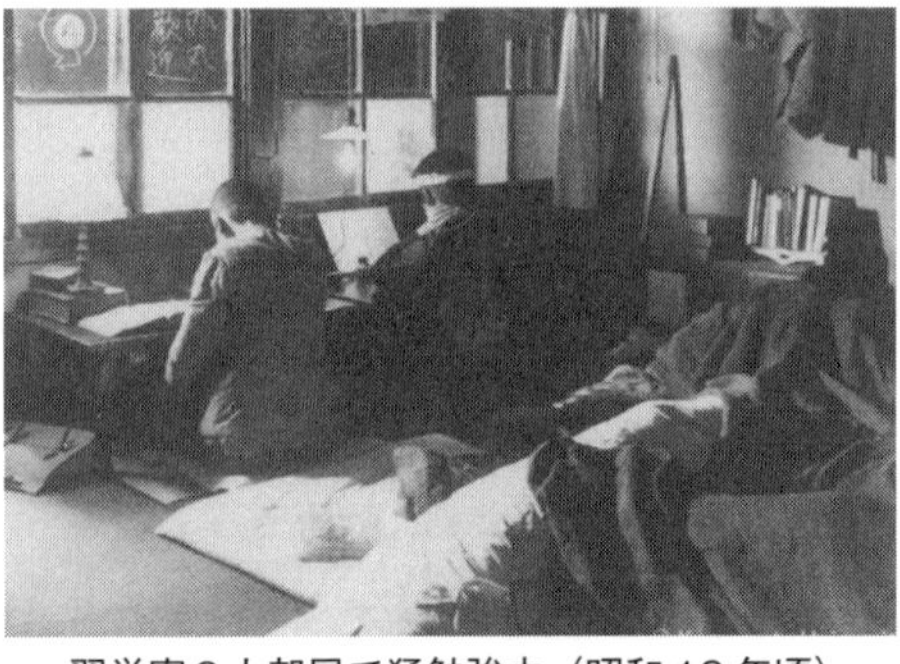

習学寮２人部屋で猛勉強中（昭和 13 年頃）
熊本大学五高記念館所蔵

寮生誓詞

夫レ我寮ハ龍南ノ中心生命ニシテ校風ノ盛衰一ニ之ニ懸レリ我等茲ニ左ノ三綱領ヲ掲ゲテ日々之ガ実行ヲ期シ以テ寮風ノ刷新ト校風ノ振興トニ務ルコトヲ誓フ

綱　領

一　剛毅朴訥ノ真精神ヲ発揮スルコト
二　常ニ五高生タルノ自覚と権威トヲ保ツコト
三　一致団結ヲ以テ自治ノ實ヲ挙グルコト

寮には「散髪室」「食堂」「名札掛け」「郵便受け」等があって生徒の利便性向上に配慮してあった。

第五高等学校の校友会は「龍南会」と称し、明治二十四年（一八九一）十一月三日に発足した。生徒の相談を受けた秋月胤永教授が名付けたという。龍南とは学校が龍田山（立田山・標高一五二メートル）の南に位置することによる。文化・体育関係の各部を統括し運営は生徒の自治で行われていた。毎年、総務委員が選挙で選ばれ、予算配分や運営、五高七高対抗戦・文科理科対抗ボートレースなどを主催した。生徒たちはこれら諸活動を通じて自由に自主的に教養と訓練を積み、自己の意思に基づいて人間形成を行い、若いエネルギーを発散させたようである。旧制高校や帝国大学の部活動は、早くから野球・テニス・ボート等の欧米のスポーツや文芸・音楽等の新しい文化を紹介し、当時の日本が欧米の文化を取り入れる入口の役割を果たしていたのである。体育部は登山・弓道・馬術・ラグビー・山岳・剣道・ボート・水泳・ホッケー・グライダーなどがあったようである。文化部は音楽（洋楽と和楽）・通信・弁論などがあったという。

五高龍南会と鹿児島の七高（鹿児島大学）校友会は、両校間で野球や陸上競技の対抗戦や連合演説会が行われ、全学挙げての一大行事として翌年は、勝利した側の県で開催された。しかし、大正十五年に熊本で開催された野球戦のあと、双方の応援団の間で小競合いを起こしたため、以後中止された。昭和二十一年に五高対七高野球戦が復活し、同二十三年まで行われたという。

『龍南会雑誌』（後に『龍南』）は明治二十四年（一八九一）十一月二十六日に創刊され、昭和二十三年（一九四八）三月二十五日の最終号まで二五五号を発行した。教員や生徒・卒業生が寄稿・投稿した論文・小説・俳句・和歌・漢詩等、思想研究・

文芸創作など多彩な作品が発表された。また、龍南会運営委員会、委員・部長の交代、予算・決算、各部の活動や学校行事などを具体的に記した記事も掲載されているという。この雑誌を編集していたのは龍南会の雑誌部委員であり、村川堅固・後藤文夫・下村湖人・梅崎春生・木下順二など後に文筆家や研究者として活躍した人物が多くいた。

勉強の傍ら、五高生は暇を見つけては学校から約二キロ離れた中心街（上通町等）へよく出かけた。本屋・喫茶店・映画館・おでん屋・そば屋・ビリヤード・質屋・寿司屋などに出かけ、水前寺公園や同動物園に遊んだり、立田山や花岡山を逍遥したりした。中にはマントに学帽姿で寮歌を歌いながら街中を歩き回り、店の看板を取り換えてまわるといういたずらもあったが、街の人々は五高生だとして寛容に見守ったものだという。

虎太が在学した昭和二十一年度から二十三年度は戦後の生活不安や社会的混乱、失業や就職難などが世相を覆っていた時代であったから、右に述べたような五高生生活が戦後の混乱期と同じものであったとは思われないが、古くからの伝統は当時も残っていたと思われる。虎太は右のような状況にありながらも、粗食に耐え、空腹を我慢しながら、勉学には手を抜かず、医学部進学を目指して実力増強に日夜奮闘し、頑張ったという。

第五章　医学部進学を諦めて帰郷

一・熊本医科大学・長崎医科大学に合格

本島虎太は三年間、第五高等学校理科乙類に在籍して、一生懸命勉学に励み、学力をつけた。良き友を得て切磋琢磨の毎日であった。

昭和二十四年（一九四九）三月、厳しい勉強に明け暮れ、友情を培うと共に多くの想い出を胸に第五高等学校を卒業した。

虎太の同級生で寮も同室だったことのある前出の上田京二は「本島は真面目な勉強家であり、さぼるのを見たことがなかった。何事にも慎重な人で踏み外しのない人間だった」と述懐している（電話によるインタビュー）。

また同級生で、理科甲類から東京大学工学部建築学科に進み、卒業後は建設省に入省して力を発揮、局長まで昇進し、次いで参議院議員に当選して政治家を実践した松谷蒼一郎は電話インタビューに応じて「本島は勉強もしっかりやっていた。真面目で穏やかな人柄で立派な人物だと感じていた」と述べている。

　昭和二十四年度大学入学試験に際して、虎太は熊本医科大学（熊本大学医学部）と長崎医科大学（長崎大学医学部）、そして難関大学の九州帝国大学医学部の三つを選んで挑戦した。結果は長崎医科大学と熊本医科大学の二つの医科大学は見事に合格の栄冠に輝いた。二つの医科大学への合格は、五高の厳しい勉学の成果が発揮でき、所期の目的を達成できた賜であり、誠に喜ばしいことであった。

二．骨関節結核に罹り、苦渋の帰郷

　合格して喜びが一入の同二十四年の春、思いも寄らず「骨関節結核」という病気に罹患し、入院・加療を要する状態となってしまった。

　この病気は今日ではまれな疾患となっているが、当時の医療技術では難病中の難病といわれ、地方では完治は無理とされたという。この病気は、一般的には結核菌に起因する脊椎を含む骨の侵食・破壊状態を指すことが多いといわれ、発症は結核に対する免疫がない若者などが集団感染や栄養不良・過労などの生活状況が関与しているといわれる。全身症状は微熱があり倦怠感・疲労感があり、食欲が不振などの症状がみられ、また局所的には疼痛・圧痛を感じることもあるようである。

三．無念の入院生活、手術が成功して回復へ

虎太は同二十四年春、直ちに太田へ帰郷し、すぐに本家の本島病院に入院した。この頃の本島病院は当主の本島柳之助院長と代診の医師一～二人、看護婦が四～五人で、柳之助の長女英子と結婚した後継者第十二代本島（珪三）自柳は東京慈恵会医科大学に在学中ということで、地方の小さな病院に過ぎなかったようである。

しかし、虎太のたっての願いを聞いた院長本島柳之助が、この病気の専門家として有名だった東京慈恵会医科大学教授片山良亮先生に診察・手術を依頼したところ、わざわざ太田の本島病院まで来ていただき、手術をしてくださったという。手術は大成功裏に終了した。しかし、全快するまで体力の涵養とさらなる加療を要したため、虎太は数年間入院・加療の生活を余儀なくされ、ベッドでの起居と松葉杖の生活を続けざるを得なかった。

虎太にすれば、旧制太田中学校時代から「医師」になることを夢見ていたし、二つの医科大学に合格したのに、入院して闘病生活に明け暮れしなければならないことは、誠に悔しく、残念であったに違いない。せっかく合格した二つの大学への進学も断念せざるを得ないことになってしまったのであった。

第六章　本島総合病院の近代化に辣腕

一．医療法人本島病院の職員に採用され、事務を担当

五年ほどの療養生活を続けた虎太は、二十八歳を迎える頃、ようやく健康を取り戻し、体力に自信が持てるようになった。こうして虎太は昭和二十九年（一九五四）四月、医療法人本島病院に入職し、軽微な事務的仕事を手始めに、健康管理と体調に留意しながら病院業務に全力で勤務していくことになった。

二．医療法人本島病院の常務理事・事務長に就任、病院改革に尽力

終戦直後の本島医院は旧態依然の地方の医院に過ぎず、院長と代診の医師一〜二人ほどで看護婦は不足しており、経営も困難な一面があったようである。昭和三十年を過ぎる頃には「もはや戦後ではない」という声も聞かれ始め、朝鮮戦争も休戦となっているので次第に落ち着いた雰囲気が見え始めてきていた。

第12代
本島（珪三）自柳

昭和三十二年（一九五七）九月、院長本島柳之助が急性肝硬変によって惜しまれつつ六十四歳で死去された。娘婿であり後継者の本島珪三（後に第十二代本島自柳襲名）は東京慈恵会医科大学を卒業した後、同病院の講師の職にあったが、急遽本島の後継者として太田に帰り「医療法人　島門会　本島総合病院理事長・医院長」に就任し、太田高校の校医も兼ねることになった。

本島虎太もこの時、昭和三十二年九月、医療法人本島総合病院理事長より、同病院の「常務理事」及び「事務長」に選任され、就任した。先代柳之助の逝去に伴い、急遽、新院長本島（珪三）自柳と本島虎太事務長という新体制ができ、本島総合病院発展の第一歩が踏み出されたのであった。

病院全体の経営責任と医療技術面は本島自柳理事長が担当するが、事務部門は虎太事務長の肩に重くのし掛かってきたと考えられる。院長と事務長が車の両輪となって当たらなければ、病院の近代化や人事の刷新、施設・設備の新規導入、会計事務の近代化、税務関係での役所との連絡調整など多くの業務が処理できないのではないかと思われる。特に新病棟や診察室、駐車場の配置など病院全体の構想や資金計画等は、管理職としての虎太の重い仕事となったと考えられる。本島院長はそれとなく虎太に事務部門の業務を任せていたようである。

　虎太は二十代後半から三十代にかけて、健康も回復し激務に耐えられる状態になったうえ、明晰な頭脳と的確な問題把握力、綿密な企画力、決めたらやり抜く実践力などを持っていたので、本島病院の総合病院化に向けて果敢に挑戦していった。その裏には有力な部下職員の活躍と行動力に支援されて、難問や課題の解決に邁進していった。

　昭和三十年代半ばから、池田勇人内閣が登場して日本の高度経済成長時代を招来し、国民に所得倍増を約束して、もはや戦後ではない状況が現出していった。さらに、医療・福祉制度の充実、診療費や薬価基準の改革も叫ばれて、今日見る医薬分業体制の構築が急がれるようになってきた。

三・㈱有隣社設立、取締役に就任

わが国では古くからの慣習で、医者は患者を診察した後、自ら調剤して投与する方法が定着していた。数度にのぼる薬剤師会の請願運動もあったが、なかなか医薬分業は進まなかった。戦後、薬学の進歩と調剤技術の特殊性は、医療の内で医師がすべてを行うことは到底できない状態になっていった。そこでわが国も欧米並みの医薬分業を実施するため、昭和三十一年（一九五六）四月一日より「医師法・歯科医師法」及び「薬事法」の一部を改正する法律が施行され、新しい医薬制度が発足して、医薬分業が明文化された（『国史大辞典1』）。

虎太らはこの動きをいち早く察知し、行政指導もあったようであるが、本島病院とは別法人として、昭和三十四年（一九五九）「㈱有隣社」を設立し、虎太がその代表取締役社長に就任した。こうして、本島病院内ではあったが「有隣薬局」が開店し、医師の診察結果を点数化し、これを薬局に出せば調剤してもらえるというシステムが完成した。やがて、コンピュータの普及は一層の合理化とスピードアップが図れるように進化していった。

第七章　本島虎太第四代太田商工会議所会頭に就任、最長不倒の十三期三十九年在任

一・「太田商工会議所」創設と設立要綱

ここで、昭和二十二年以後の「太田商工会議所」の沿革について、『星霜　太田商工会議所四〇年史』に基づいて述べておこう。

昭和二十二年（一九四七）五月二十日、商工大臣石井光次郎は社団法人太田商工会議所設立を許可した。この日をもって同会議所は設立記念日とした。

前年八月より太田町及び近隣町村関係者四二人が集まり、設立協議会を立ち上げて準備委員九人を選出した（発起人代表＝委員長は太刀川又吉）。同年十月には設立準備会で設立趣意書・要綱・区域・役員・理事・監事・常議員・任期・会費等が決定した。

このうち「設立要綱」は次の通りであった。

（一）**目的**　商工業界の輿論を集結し、その実現に努め、緊密な連絡協力によって商工業者の利益を保護増進し、総合的に産業の健全な進歩発達を図り、もって地方経済の発展とその民主化に寄与することを目的とす。

（二）**名称**　社団法人太田商工会議所

（三）**事務所**　太田町大字太田一七二番地

（四）**区域**　新田郡一円及び山田郡毛里田村・休泊村・矢場川村の区域

（五）**会員**　次の各号の一に該当し、本会議所の目的に賛助するものをもって会員とする。

ア　地区内に於いて商工業を営む個人並びに法人

イ　前号の者が組織する団体にして、地区内に事務所を有する者

ウ　前号の団体以外にして、地区内に事務所を有する商工業に関する団体

（六）**役員**

ア　会頭一名、副会頭二名、理事一五名、監事二名

イ　常議員会において常議員中よりこれを選任し、常議員を兼ねる

ウ　常議員五〇名、常議員は総会において会員中より選任す

（七）役員任期　二年

（八）会費　毎年所定の納期に会費一口以上を納付す。一口の金額は個人年額金五〇円、法人・団体年額一〇〇円とす。口数算定の基礎は最近決定せられた営業税の課税標準とし、法人及び税額未定の会員に対しては、見立割をもって毎年総会決議により口数を決定す。

　このような趣意書や要綱を決めて、役員が団体や会社へ説明に回り、同年十月二十九日の午前に第二回設立準備会、十一月十三日に第三回準備委員会、翌二十二年一月十八日に設立発起人総会が持たれた。これらの会場は群馬銀行太田支店（旧群馬銀行西支店）二階の会議室で行われた。一月十八日の発起人総会では定款の件、初年度事業計画の件、初年度収支予算の件、創立総会開催日の件等が協議され、創立総会は一月二十五日午前九時と決定された。

　同二十二年一月二十五日午前九時より太田町農業会館二階において、社団法人太田商工会議所創立総会が総勢一七一名中九二名の出席のもとで開かれた。議長に太

刀川又吉を選出して、定款・予算・役員などが提案され、原案通り決定された。役員は、会頭太刀川又吉、副会頭相崎徳蔵・水谷平八郎、理事一三名、常務理事玉置若葉、事務局長鈴木新助、監事二名、常議員四八名、顧問八名、参与八名の陣営で、同二月十五日、設立認可申請書を県に提出した。こうして太田で初めて商工会議所が誕生し、前記の通り同二十二年五月二十日、商工大臣より設立許可が下りたのであった。翌二十三年四月、群馬県中小企業太田相談所が会議所内に設置された。

　これより先に二十二年九月、太田地区（新田郡区域）商工業者大会が開催され、同年十月には太田町長及び町議長に対し役員一七名の連署をもって、市制施行の請願を行うなど会議所の初仕事が展開された。こうした請願が功を奏して、同二十三年五月三日、太田町は「太田市」となり、市制施行が実現した。

二．創設以来三代の会頭・役員と主な活動状況

初代会頭　太刀川又吉

在任期間は、昭和二十二年（一九四七）五月二十日から同二十五年十月十一日ま

での三年六カ月。先祖は越後の杜氏で太田に定着して酒造りを始め、明治初年に濁り酒の製造と販売を行い、やがて清酒醸造へと切り替えて、昭和十年代に「利根鶴」を商標とした酒造家であった。

太刀川又吉

太刀川会頭の在任期間は太田商工会議所の揺籃期に当たり、戦後の疲弊・荒廃した街の復興については商工会議所を設立して進めること、その活動は中小企業のための金融機関と相談所を設立すること、消費圏拡大策として現市域と小泉にあった各商工会と共催して座談会・講演会を開き、金融・税務・商店経営などの連携を図り、民謡大会開催・大光院のＰＲによって人集めを図り、商店街の振興を図ること、交通対策として東武鉄道に電車・バス運行の円滑化と東京までの長距離バス運転の実施を行わせること、商工会議所の運営資金の拡充を図ること、中小企業のための各種保護対策を講じることなど多くの難問や課題の解決が山積していた。会議所の事務所は、初めは太田一七二番地の現群銀西出張所跡の二階を借りて始まり、以後、四丁目南側の川魚料理屋「川口屋二階」・三丁目の金物店「奈良屋」・旧五丁目北側

「若旅呉服店跡」などと、予算が少なく苦しい事情下であったので「さすらいの時代」を余儀なくされた。主な実績は中小企業太田相談所の設立、太田市制施行の実現、太田信用組合の設立、会議所内に商業・工業の二部会の設置等が行われた。

二代会頭　水谷平八郎

水谷平八郎

在任期間は昭和二十五年（一九五〇）十月十一日から同三十二年（一九五七）十一月八日までの七年間。水谷会頭は、明治四十年五月、東京都墨田区で建設請負業の次男として生まれた。早稲田大学理工学部建築科を卒業、昭和七年から中国満州で就職し、昭和十四年帰国して請負業水谷組の太田支店に勤務し、中島飛行機関係の建設に従事したことから太田に地歩を築いた。昭和二十二年四月の戦後初の県議会議員選挙に新田郡区から出馬し当選した。太刀川会頭時代は副会頭の職にあった。

主な業績は、「昭和二十五年旧法」による社団法人としての組織整備、「昭和二十八年新法」による特殊法人としての新組織確立の先頭に立ち、組織・活動拡充期に会頭としての業績を残した。

昭和二十八年（一九五三）十月一日、現行の（新法）「特殊法人商工会議所法」が施行され、同時に同法施行規則が公布された。主な特徴・改正点は以下の通りである。

1.「国民経済の健全な発展を図り、兼ねて国際経済の進展に寄与するため」「地区内における商工業者の総合的な改善発達を図り兼ねて社会一般の福祉の増進に資する」ことを目的とし、「総合経済団体」であると同時に「地域団体」としての性格を明確にした。

2.組織を社団法人から特殊法人に改め、地区内の「特定商工業者」（税額・資本金等が有力な業者）を準会員として加え会議所の運営に参加させる。

3.会議所の強化を図るため定款だけでなく事業内容・経済的基礎・施設・役職員構成・地区内商工業状態などを認可対象条件として法定化した。

4.旧法では会員総会が最高意思決定機関であったが、新法では会員・特定商工業者が選挙で選んだ議員総会が最高意思決定機関となった。つまり、会員は議員を選ぶことを通じて会議所の運営に関与するシステムをとった。

5．議員総会、常議員会、部会、委員会、事務局の設置とその権能を明確に法定化した。

6．会議所の目的の範囲内で、地区内商工業者を対象とする強制調査を行う権限が与えられた。

7．特定商工業者を登録した商工業者法定台帳の作成、管理、運用が義務づけられ、それに必要な費用を特定商工業者に負担させることができるとした。

8．会議所の財政的基礎を強化する一助として、登録税・所得税・法人税・地方税の全部または一部について非課税とする措置が講ぜられた。

　これを受けた商工会議所は主な活動として①意見公表と具申②特定商工業者法定台帳作成と訂正、管理運用③商工業に関する一般的研究及び広報④産業振興に関する事業⑤金融事業に関する事業⑥税務対策に関する事業⑦関係団体の経営に協力、を掲げた。

　役員は会頭水谷平八郎、副会頭宗川五郎・玉置若葉、専務理事・事務局長相崎奎

二と決定した。翌二十六年二月の会議所議員総会で、副会頭玉置若葉の代わりに相崎徳蔵が選任された。前年に会議所の区域は「太田市」とし、議員選挙規則を設けてあった。

同二十六年三月、議員総会で繊維部会、委員会「太田産業会館」建設委員会を設けることを決めた。同二十七年には文書の横書きが通達され、第一回関東民謡大会が開催された。お祭りは五月が花祭り、七月が中元大売り出し、九月の開山忌、十一月の恵比寿講行事とした。また、太田信用保証協会運営委員会や労働基準法改正説明会が何回も行われた。

昭和二十八年（一九五三）三月十三日、議員総会がもたれ、役員が選任された。この時、会員は七六五名（個人七〇〇、法人六五）であった。

役員は、会頭水谷平八郎、副会頭高瀬正七・斎藤忠重、専務理事相崎奎二であった。この年七月一日、富士重工業株式会社が発足した。

同三十年十月から十一月にかけて、議員定数を一号議員二四名、二号議員一五名、三号議員六名、計四五名とすることになった。同十一月二十八日までに役員選任が行われ、会頭水谷平八郎、副会頭黒川末男・江川善七、専務理事相崎奎二ときまり、部会は商業部会（一～一〇部会）、金属工業部会、繊維工業部会、一般工業部会の編成が決まった。

この年、事務所が関半六方から駅北のアマヤデパート二階に移転した。

同三十一年二月二十八日、総会が開かれて次のことが決まった。

新生活運動について、商工業者の経費の節減と負担の適正化、税の完納、寄付行為の審査、中小企業従業員の表彰規程、三十年度会費は一口一〇〇〇円とする、役員会費は、会頭六〇口・副会頭三〇口・常議員一五口・議員五口という提案があり後日検討と決まった。同年三月二十七日、太田電気館において一七八〇人の参加のもとに中小企業優良従業員表彰式と会員大会が盛大に開催された。同年六月には会議所内に特別委員会を設置することに決し、観光交通委員会・金融委員会・税務委員会・財務委員会が置かれることになった。十月には「館林税務署管内青色申告会連合会」が結成されている。

同三十二年一月二十八日、商工業振興対策合同会議が市三役・議長・産業委員長・

商工会議所委員・新聞記者の参加のもとで開催された。四月には衛星都市諸条件整備促進方を太田市長・議長・産業経済委員長あてに要望書を提出した。同五月二十六日には太田高校に於いて太田ロータリークラブ認証伝達式が行われた。

水谷会頭時代は太田商工会議所にとって「戦後」から脱却すべく模索を重ねた時期であり、ちょうど朝鮮戦争から「神武景気」への時期に当たり、富士重工㈱が新発足し新しい地場産業が展開し出し、駐留軍の町から首都圏工業衛星都市への飛躍・変容する時代であったといえよう。

三代会頭　黒川末男

黒川末男

第三代黒川会頭の在任期間は、昭和三十二年（一九五七）十二月四日から同三十七年十一月二十四日までの五年間。黒川会頭は明治四十年（一九〇七）四月、旧太田町入町の大光院門前で旅館兼飲食店を営む黒川金吾の四男として生まれた生粋の太田っ子であった。大正十五年（一九二六）三月、旧制太田中学校を卒業し、旧制水戸高等学校文科に進学したが、上級生が社会主義思想の容疑で逮捕されたため関連するとして、退学を言い渡された。それから再チャレンジして早稲田大学法科に進み、同大学を昭和五年春に卒業して中島飛行機製作所太田工場に入社、会計部原価計算係に配属された。同十五年（一九四〇）一月から中島の小泉製作所の勤労課長に抜擢された。戦後は中島の小泉製作所失業対策委員長として活動した後、米軍用フットロッカー・人工醤油・輸出用マフラー・紡毛メリヤス造りなどの職業を転々とした。やがてモーターボート製造の黒川技研工業や富士工業の協力工場、黒川メッキ工業を創設し、その経営に当たった。商工会議所では昭和二十六年に議員・理事、同三十年十一月からは副会頭に選任されていた。

初め、会頭黒川末男、副会頭は大隅金六・吉田完治、専務理事相崎奎二と決したが、翌三十三年より副会頭を二人から三人に増やして、同三月末の役員体制は会頭黒川末男、副会頭は森川一郎・堀越金次郎・高橋孝雄、専務理事は相崎奎二が選任された。三月末に相崎専務が辞任したため、玉置行男専務が選任され、事務局長に引間昭三が就任した。

「会報」発行が決まり、同三十三年六月三十日に太田商工会議所会報第一号が発行された。同九月三十日「群馬県火災共済協同組合」が設立され翌十月十日より事業が開始された。この間の七月十四日、米軍の太田基地「キャンプベンダー」が返還され、翌年七月には大泉に「東京三洋電機㈱」、尾島町に「三菱電機㈱」が誘致されて地域に大きなインパクトを与えることになった。また、同三十三年・三十四年には、「コロンビアローズショー」・「第七回関東民謡大会」・「納涼民謡おどり大会」が太田小学校を会場に開催された。

同三十四年十一月十四日、総会が開かれ役員を選任した（会員七三九名）。会頭黒川末男、副会頭高橋孝雄・堀越金次郎・北爪茂、会頭補佐西田家隆、専務理事玉置行男が選ばれた。

昭和三十五年七月、会議所事務所が初めて東武線を越えて南へ移り、飯田六二六—三の太田メリヤス会館へ移転した。同年七月一日には小規模事業経営改善普及事業が発足し経営改善普及員二名が配置された。同七月六日、役員・議員の会費持ち口数を改定して、会頭五〇口、副会頭二〇口、常議員一〇口、議員五口以上と決した。翌八月二十六日には太田法人会が設立され、初代会長に岡田徳次郎が就任した。

同三十六年には、太田機械金属工業協同組合設立（一月十七日、初代理事長高橋孝雄）、西矢島・新野工業団地造成完了（五月）、矢場工業団地造成完了（九月）、旧太田商工会議所会館建設に着手（十月十七日）など大きな事業が進展し、高度経済成長期に突入した感があった。その他、「太田商工会議所庶務規程」施行（三十五年四月一日）、議員の任期を三年とし、定数を四五名から六〇名に増員することを決定し、内訳は一号三二名・二号二〇名・三号八名とした（三十六年十月十四日）。翌三十七年になると春の大売り出し期間に「ミス太田コンテスト」が実施され（五月八日まで）、五月二日には太田市で選定しキングレコードで吹き込みしたご当地ソング「太田囃子（はやし）」・「金山慕情」の発表会が盛大に行われた。

旧太田商工会議所会館の建設　事務所さすらいの旅を続けていた当会議所もいよいよ自前の事務所を持つ日が来た。数年前から定款が充実し、事務処理と運用規定なども整う中で、事務所が移転したり狭隘だったりでは会議所の運営そのものが停滞をきたすという状態となり、いろいろと支障が出ていた。

黒川会頭の二期目の就任挨拶で、メリヤス会館の借用期限が昭和三十七年五月であることから、これから二年の内に是が非でも会館を建設したい旨の話があった。富岡市・鹿沼市などの産業会館・商工会館などを視察し研究を深めた。黒川会頭が副会頭の増員・役員や議員の任期を一年延長、議員定数を四五名から六〇名へと増員するなどは、自前の会館建設の布石であった。

建設計画の概要は次の通りであった

○位置・敷地　太田市大字太田字宮内一〇一一番地（現会議所の西隣で八瀬川の東の駐車場の所）、敷地は約二〇〇坪。

○建築・構造　鉄筋コンクリート造三階建て、一階は南正面のギャラリーショールーム、事務室・図書室・応接室・貸し事務室・宿直室・便所と廊下で六〇坪ほど、二階は正副会頭室及び応接室・小会議室・日本間・便所と廊下で三〇坪、三階は大ホール・喫煙室・廊下で六〇坪、合計一四九坪半とした。

旧商工会議所会館　西から見る

○資金計画　収入は会議所資金七〇〇〇万円（商・工・繊維の三部会三〇〇〇万円、大企業二〇〇〇万円、金融機関二〇〇〇万円）、補助金七五〇〇万円（県三〇〇〇万円、太田市四五〇〇万円）、合計一四五〇〇万円を見込んだ。支出は土地関係六〇〇〇万円、建設費など一一三〇〇万円、その他雑費など二六〇〇万円、合計一四五〇〇万円とした。

○設計　東京の原田二郎一級建築士とした。建物は黒川会頭の好みであったロッジ風を考えられたが、結局オーソドックスな箱型の建物に落ち着いた（写真参照）。

○建設業者の選定・建設費　大きな市外建設会社と地元業者と軋轢があったが、三十六年九月、市内外六業者を指名して入札が行われ、井上工業が最低額で一七九八万七〇〇〇円を示したが、当初予算が一五五〇〇万円でそれとの開きがあっ

南の市役所から撮った旧会館・駐車場

たので、照明器具は当所で現物購入するということで差し引き、一六九七万円と決まった。建設資金は当初計画より増大したので、役員・議員・職員総力を結集して資金獲得に奔走した。

　こうして昭和三十六年（一九六一）十月十七日、建設工事が着手され、翌三十七年四月二十日に竣工した。完成した会館は敷地一八一坪、建物は鉄筋コンクリート造二階建て、延べ一八三坪、一階はショールーム・事務室・会頭室・和室・便所・通路・ピロティー・外階段、二階は大会議室・貸し事務室四部屋・便所・通路・バルコニー・階段になっていた。屋上にはペントハウスがあった。外階段下には「定礎　その旺んな心　その止まざる力　諸人凝って之を建つ　快なり　吾等茲に謝す時維　昭和三十七年四月二十日　黒川書」と、会頭黒川末男の感懐を述べた「定礎」が置かれた。

　五年間にわたる黒川会頭時代は、高度経済成長・工業化進展の前半期に当たり、時代を巧みに掴み、旧中島施設の再活用、企業誘致、金山などの観光開発、旧会議所会館の建設と会議所組織の整備・拡充の初期作業などに極めて積極果敢に取り組んだといえる。

　黒川会頭は物事に当たるに若さと情熱を傾け、正義感に満ちた人柄で、権威・権力を恐れず、仲間や部下の士気を鼓舞して止まなかった。大言壮語もあったがユーモアを忘れず斬新な着想は人を引き付けるところもあった。「黒川ラッパ」と揶揄されることもあったが、昭和四十三年四月十五日、波乱万丈の生涯を閉じ東光寺に眠る。

　本島会頭以前の三代の会頭の事績は右の通りであった。これから第四代会頭本島虎太の人柄や主要な業績について『星霜　太田商工会議所四〇年史』に基づいて詳しく述べてみよう。

三．本島虎太、三十七歳の若さで第四代会頭に抜擢

最長不倒の在任期間　黒川会頭のあと後を受けて、第四代太田商工会議所会頭に就任したのが本島虎太であった。在任期間は昭和三十七年（一九六二）十一月二十四

本島虎太

日から平成十三年（二〇〇一）十月三十一日までの十三期三十九年間という長期にわたり、この在任期間は、群馬は勿論、全国的にも最長不倒を誇っている。

　太田商工会議所の湯沢秀明事務局長が全国商工会議所連合会事務局に聞き取り調査したところ、令和元年（二〇一九）五月一日現在で、宮崎県の延岡商工会議所会頭清水英男氏が平成六年七月から八期二十四年の在任、北海道の赤平商工会議所会頭西出勝利氏が平成九年十月から七期二十一年在任の二人が知れるのみで、本島会頭を超える在任期間を有する会頭はおらないことが判明している。

本島虎太担ぎ出し

　前章までに述べてきたとおり、本島虎太は太田の旧家であり、医家の名門の出身であるから「本島」の名を知らない人はいないといってよい。

　虎太が昭和三十四年（一九五九）十月六日、株式会社「有隣社」の代表取締役に就任すると、街の人々がざわめき始めたようである。虎太本人が言うには、一丁目に住んでいた友人の富岡哲哉から「暇なら会議所へ出てくれないか」という話を持ってきたという。当時は本島病院の業務拡大と充実の最中であり、その中心にあって奮闘していたから、即答するわけにはいかなかったようである。元副会頭で常議員を務めていた西田家隆は「（前略）前会頭の黒川は勇猛果敢な性格で直進的な言動に辟易していた会員は、清新な会頭を希求していた。私は何人かの会頭選出にインサイドでかかわった経験があり、当事者に諾否の意向を聞く役目を受け持たされた。こうして時代の要請を受け、異なった味を持つ会頭の誕生が見られたのだ」（要旨）と「四〇年史」のコラムに書いている。

『太田商工会議所四〇年史』によると、本島会頭の担ぎ出しの背景には、

①前会頭黒川が自ら三選を拒んだこと、

②人心も深慮にして端正、手堅いリーダーを望む空気になっていたこと、

③旧会館建設の残務処理が残されており、企業主も自分の会社・商店の経営に手一杯で、会頭への食指は動かなかったこと、

④その頃本島は太田ロータリークラブの若手オルガナイザーとして知られるとともに太田の名家の出で本島病院の隆盛・発展に手腕を振るっていること、

⑤田島太田市長以下市行政当局も着目していて、信頼があったこと、
⑥当時の相崎専務が可愛がり、何かと引っ張り出して会議所に出入りさせていたこと、
⑦発想が雄大で仕事は着実、礼節にも厚く、合理的な思考と果敢な実践力とリーダー性を持つこと、
などがあると記されている。

本島会頭の人柄　本島の人柄や人物評価について同書は「（右に述べたほか）東西の故実に通じ、合理的完全主義を求める一方、ユーモアを解し、果敢で進取的な精神の持ち主である。また、事業欲旺盛で自ら進んで手掛ける。真面目で大柄の体躯を持ちながら、きめ細かな配慮を人一倍めぐらす。実父を早く亡くしたので若い頃からの苦労人で、他人への思いやりが深い。ゴルフはやるが運動はやや不得手。神社・仏閣・故事に興味があり、よく知っている。煙草はやらないが酒はやや強い」と記している。本人は「趣味はほとんどないが、歴史探訪や日本画鑑賞、ゴルフなどは好きだ。食べ物は洋食・和食などは何でも頂ける」と述べ、さらに「私が若く

して会頭という重責を果たしてこられたのは、副会頭・専務さんの親身な援助の賜であった」と謙虚に語っている。

○臨時総会で青年会頭登場　太田に三十七歳の史上最年少の青年会頭が誕生したことは、会議所会員は勿論太田市民も、若さ・清新・期待感そして意外性を持って迎えたという。マスコミも大々的に報道し、アメリカ大統領に若いケネディが就任したことにかけて、太田スズメは「西のケネディ・東の本島」と評したという。

本島体制の出発点は昭和三十七年（一九六二）十一月二十四日の臨時議員総会であった。旧会館の二階会議室に出席議員三六名、委任状一一名で臨時総会が開かれ、黒川会頭代行の副会頭堀越金次郎が議長になり、議事が進められた。主題の会頭選考に当たっては、選考委員として荻原八郎・米沢仲三郎・栗原正夫・小保方登美男・大野金四郎・武内有朋・鈴木米吉・田島源

若い本島会頭と会議中の三役（中央が本島会頭）

四郎・笹山好春の九氏が選ばれ別室で協議、結果は本島が最適任と決した。堀越議長はこれを直ちに議員に諮ったところ、全員拍手をもって承認された。栗原議員が直ちに本人を議場に迎えるべしとの発言により、自宅から会場に到着した本島は「皆さんの選任を喜んで受諾する」旨挨拶し、議長席に着いた。本島は副会頭に堀越金次郎・高橋孝雄・横塚清作の三氏を、専務理事に玉置行男を再任して、ここに第四代会頭本島体制が誕生し、輝かしい船出の時を迎えたのであった。御年三十七歳であった。

○会頭の施政方針　着任初期の昭和三十八年(一九六三)度の方針は次の通りであった。

「近年社会科学の進歩と相俟って流通革命、企業合理化等々社会経済変動は活発であり急速である。今や国際貿易の自由化等昨今の海外情勢が直ちに太田地域に影響し反応する時代になっている。国際間の変動を対岸の火として拱手展望する時代は過去のものとなった。我々は常に周囲の社会経済状態を的確に把握し、各種企業診断等科学的に情勢分析を行い、他都市に先駆し大胆かつ慎重に新たな方途を講じなくては常に後塵の敗北に苦闘しなくてはなるまい。本年度はこの観点に立脚し、社会経済情勢の診断分析に力を注ぎ且つ基本的、社会的福祉諸施設の建設を促進し太田商工業発展の基礎を固めたいと考えるものである」

〇昭和五十年（一九七五）三月の方針（大型店問題で揺れる）

「物価の狂乱は一転して深刻なる不況の時代となった。品不足に驚き、物価高に動転したのも夢のごとく過ぎた。今や需要の抑制は、大企業は勿論中小企業をして恐怖の底に容赦なく引きずり込みつつあります。商工会議所はこ

図6　国際通貨制度の変遷と円の対ドルレート推移

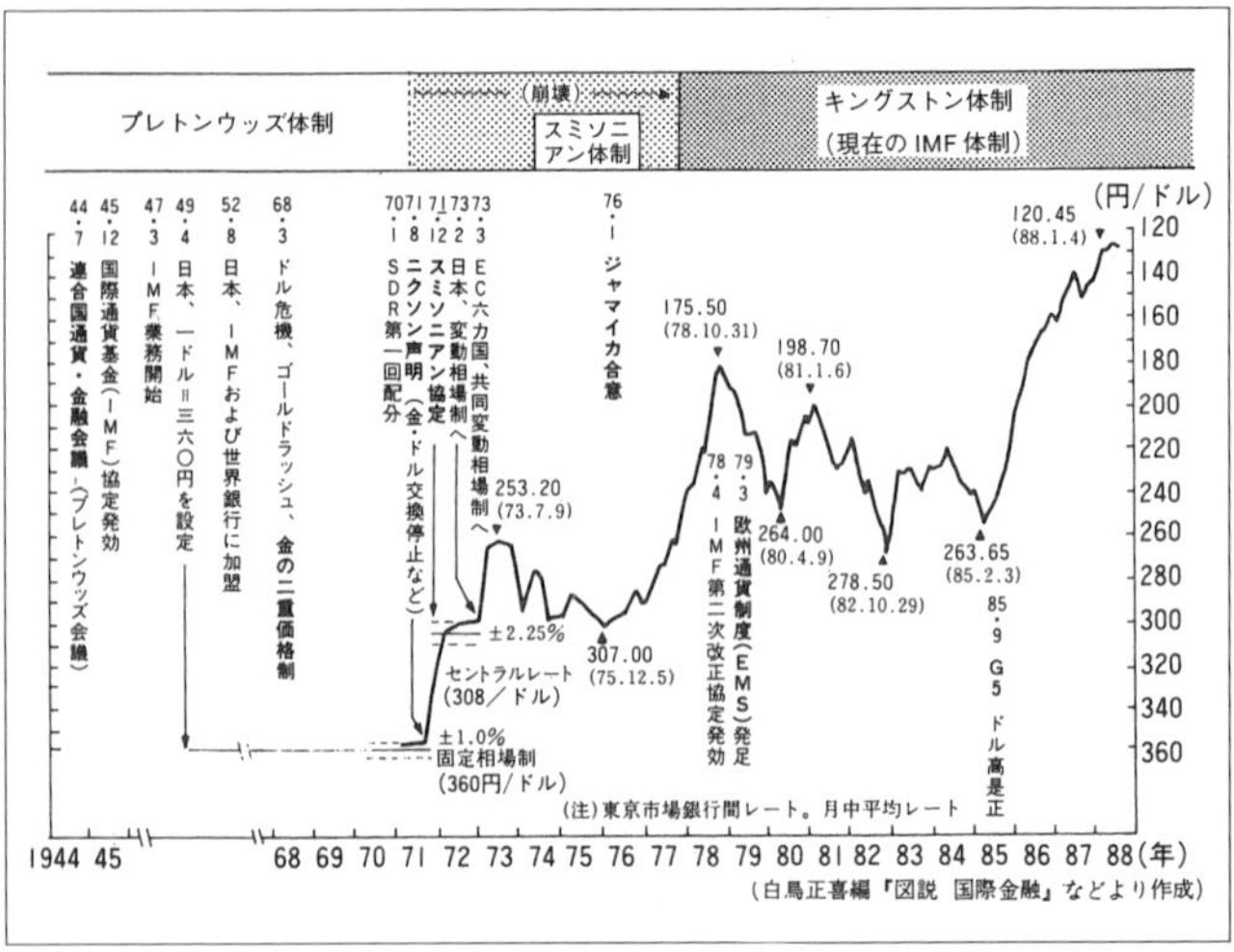

の事態に対処するため、微妙に流動する経済状況を見つめつつ、短期的且つ長期的展望に立って機敏に勇敢にそして強力な手段を駆使してこの未曽有の重大危機を乗り切らねばならない。そして今こそ地元商工業は近代的経営へ向かって脱皮の一つのチャンスであると断じたい」

(図6、図7参照)

○昭和五十六年(一九八一)の方針(会頭選挙の翌年)

「中東諸国の政治的不安の中にあって、又円高にもかかわらず日本の輸出ドライブは旺盛であり、EC、米国等々の日本製品の輸入に対する危機感は強まりつつある。一方国内においては、物価は一応安定化の方途を辿りながら、増税、高金利負担等々による不況感は払拭できず、急速な近代化の波は中小企業に重圧としてかかり、各種の分野で苦戦している。我々は中小企業の体質の強

図7　経済成長率の推移

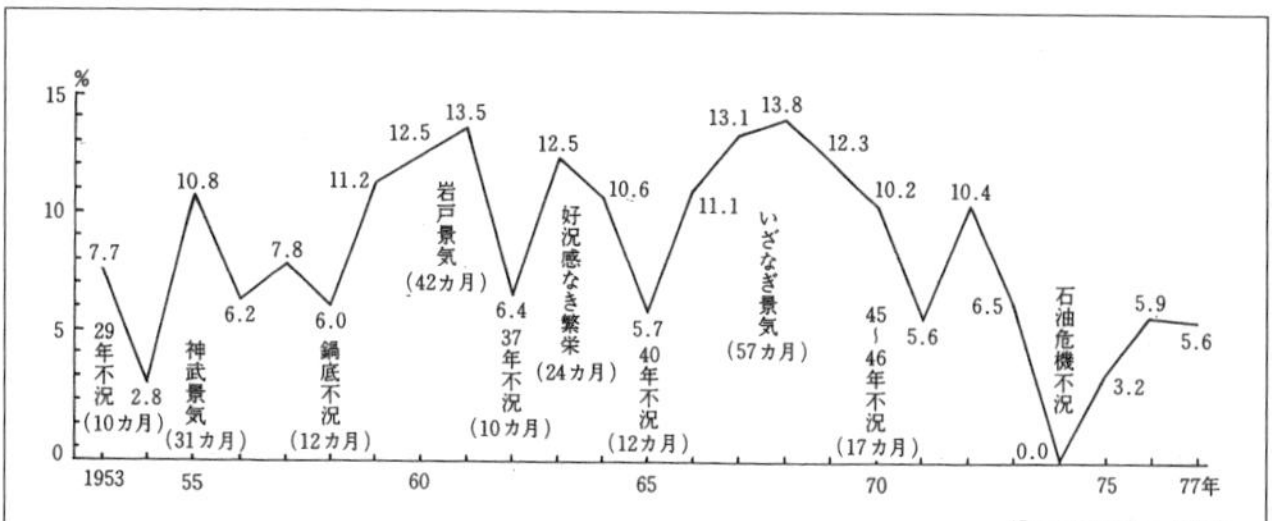

(「日本国勢国会」1979)

化のため、基本的な指導と大局的な判断のもとに一致して強力な擁護策を展開すべきである」

このように本島会頭は青年期から国際的な視野と先見性、国内情勢を科学的に分析し、その検証に基づいて業務の遂行に真剣に取り組もうという姿勢であったことが分かる。

四．本島体制十三期三十九年の軌跡を辿る

（一）本島時代の役員・議員数等の推移

長期にわたるので表2のように一覧表にしてみると一目瞭然である。

会頭を支えた一期目の副会頭は堀越金次郎・高橋孝雄・横塚清作の三氏で専務理事は玉置行男であった。以後は岡田徳次郎・荻原八郎・栗原正雄・西田家隆・大嶋一郎・橋本見吉・松月仁志夫・松本恵介・鈴木清一・武川敦・島岡良次・石川清一らが選任された。監事や議員定数の推移は表の通りであった。

常議員定数は一五人定員から始まって二〇人・三〇人と増員し、一号から三号の

表２　本島虎太会頭　就任期間一覧

＝　昭和 37 年 11 月 24 ～平成 13 年 10 月 31 日　＝

		第 1 期	第 2 期	第 3 期	第 4 期	第 5 期	第 6 期	第 7 期	第 8 期	第 9 期	第 10 期	第 11 期	第 12 期	第 13 期
就任期間		(昭和 37.11.24 ～) 1962 －	(昭和 40.12.2 ～) 1965 －	(昭和 43.12.2 ～) 1968 －	(昭和 46.12.7 ～) 1971 －	(昭和 49.12.2 ～) 1974 －	(昭和 52.12.2 ～) 1977 －	(昭和 55.12.2 ～) 1980 －	(昭和 58.12.2 ～) 1983 －	(昭和 61.12.2 ～) 1986 －	(平成元年 12.4 ～) 1989 －	(平成 4.12.4 ～) 1992 －	(平成 7.12.4 ～) 1995 －	(平成 10.12.4 ～ 平成 13.10.31) 1998 － 2001
会頭		本島虎太	本島虎太	本島虎太	本島虎太	本島虎太	本島虎太	本島虎太	本島虎太	本島虎太	本島虎太	本島虎太	本島虎太	本島虎太
副会頭		堀越金次郎 →岡田徳次郎 (S39.2.11)	高橋孝雄 →荻原八郎 (S42.3.28)	栗原正夫	西田家隆 (S46.12.17 ～)	西田家隆	大嶋一郎	松本恵介	松本恵介	松本恵介	松本恵介	鈴木清一	鈴木清一	荻原榮一
				西田家隆	大嶋一郎	大嶋一郎	橋本見吉	鈴木清一	鈴木清一	鈴木清一	鈴木清一	大塩孝三	大塩孝三	雨笠忠一
		高橋孝雄 横塚清作	岡田徳次郎 →西田家隆 (S43.5.24)	大嶋一郎	橋本見吉	橋本見吉	松月仁志夫	武川　敦	島岡良次 (死去 S59.3.31) →石川清一 (S59.9.19)			石川重政	石川重政	守屋　泉
			栗原正夫											
専務理事		玉置行男	玉置行男	玉置行男	玉置行男	玉置行男	玉置行男	玉置行男 →参与 (S56.9.1) →柳佳治 (S57.1.12)	柳　佳治	柳佳治	柳佳治	柳佳治	柳佳治	須藤正博
監事		山口清次	小宮正三	飯田金太郎	新谷哲夫	小田切増吉	岩原　昭	鯨井　洋	林　進三	秋田　誠	秋田　誠	林　晴美	佐藤建夫	島田博明
		小宮正三	高荷宗一	服部政美	粉川　純	柄沢利泰	早部英也	湯浅正幸	井部肇武	神林茂雄	片木真純	片野栄一	川島道久	播磨康二
常議員		15	15	20	20	20	20	20	30	30	30	33	33	33
議員	1 号	32	32	38	38	38	38	38	46	46	46	50	50	50
	2 号	20	20	26	26	26	26	26	31	31	31	35	35	35
	3 号	8	8	11	11	11	11	11	13	13	13	15	15	15
合計		60	60	75	75	75	75	75	90	90	90	100	100	100
定款改正 その他		・地区改正	・横書きの定款▼・地名変更等	・選挙権、役員等の改正規定	・特定商工業者の範囲	・大幅な定款改正		・役員、議員総会、部会改正		・負担金改正		・会員数増加に伴い、副会頭 1 名増、常議員 3 名増		・全国的に役員議員任期は、3 年に統一。またその期就任期間は、11 月 1 日～ 3 年後の 10 月末日に統一

議員数も表に見るように変遷し、重要事項の審議や決定に大きな役割を果たしてきた。

（二）業務全体への目配りとリーダーシップ

若く気鋭の本島会頭は、旧会館の事後処理や会館隣接地の土地購入、旧会館の増築などの事業を着々と遂行し、有能な経営力を見せた。次いで、時代の流れに即応した定款の改正を実施する中で部会や委員会の改変、財政の健全化と安定化、新会館の建設、商工業振興策、会員の親睦増進と福祉向上策の提言・実施、調査・研究の推進、意見具申・建議活動の展開、事務局の充実と改善・合理化の実施、県・市・関係機関との連携強化、文化活動の展開など多くの実績を挙げ、リーダーシップを発揮した。

（三）昭和五十五年役員選挙で大揺れ

順風満帆の船出をした本島会頭であったが、昭和五十五年の会頭改選では初めての選挙戦が展開し、大きく揺れたことがあった。

①同五十二年（一九七七）十一月の一号議員選挙

その発端は同五十二年十一月、本島体制六年目の一号議員選挙であった。この選挙は定員三八名のところ、八名オーバーの四六人が立候補し、投票の結果は八名落選し、落選した人々は商業・サービス業者で占められていたので商業者のフラストレーションは極度に高まっていたようである。

②会頭・専務理事解任要求

同五十五年八月八日、常議員鈴木菊治・島岡良次を代表として三六名の議員連署をもって臨時議員総会の開催を要求してきた。内容は本島会頭、玉置専務理事の解任を要求するもので、理由は大型店進出攻勢の激しい折、会議所は地元小売業者側に立った対応策を講じていない、それは会頭・専務の責任であるというものであった。二人の代表者に面会した大嶋一郎・橋本見吉両副会頭は、総会招集権は会頭にあること、その前に常議員会の議決を経なければならないこと、もし意思が通らない結果になった場合の問題点などを話し、十二月には役員改選があるのだから、その時正々堂々と主張を展開すべきではないかと、筋論を述べて説得した。その後、八月十八日の常議員会で会頭ら二人の解任決議案は否決され、さらに同月二十八日の臨時総会案も中止が決まった。

③会頭候補二名立つが、本島続投が決まる

同年十二月二日は重大で緊張した一日であった。初の会頭選挙が行われる日であり、また本島体制の存続か否かが問われる日だからであった。

会頭候補は本島虎太現会頭、鈴木菊治常議員（太田商団連会長）の二名が立候補した。玉置専務は総会運営の舞台回しの責任者であったから、議決方法・議長選出・多数派工作などに腐心し、最終的には専務職を投げ打つ覚悟をしていたようである。

議長は岡野源太郎と決し、少数派の候補から推薦演説し、採決法は起立票決で決めることにして推薦演説に移った。まず、鈴木候補を推す島岡常議員が発言した。次に本島会頭を再任したいとする趣旨の発言を塚原常議員が行った。塚原の本島擁立の説明は穏やかだが明快な論旨で、相手方の候補を十分かばいつつも大局的な見地に立つ判断こそ必要であると、情と理を綾なした見事な語りであった。

票決結果は本島会頭を信任する者四三人、鈴木候補を支持する者一五人となり、議長は「よって、本議員総会は本島虎太氏を会頭とすることに決しました」と宣言

した。本島会頭は七選を果たしたので謝意を表し、副会頭に松本恵介（松本樹脂社長）・鈴木清一（大鈴メリヤス社長）・武川敦（荻原石油副社長）を指名、専務理事に玉置行男を再任して承認された。この騒動の火種は昭和五十二年秋「ユニー・ベルタウン（おおたショッピングセンター）」の出現から同五十六年（一九八一）六月の「高林ショッピングセンター」開店に至る五～六年間は大型店の進出が相次ぎ、地区商工会の中小商業者は危機感に陥り生存をかけて反対する者、大型店にドッキングして生き残ろうとするものなど、同業者間でも紛議が起こっていたのであった。

④余波は玉置専務退任に及ぶ

この会頭選挙はいろいろな波紋と後遺症を残して終わった。主なものは副会頭の人事と専務の交代であった。この騒動とは必ずしも関係があるとは言えないが、副会頭が交代したり、辞任したり、逝去して空席になったりと「揺れる商工会議所」を象徴した一時期であった。本島にしても大変心配させられた時期であったと思われる。

特に専務理事の辞任表明と交代劇は衝撃的であった。玉置専務は会頭選挙が落着した時点で「臣が事既に終われり、屈原のいざ帰りなむ、故郷へ」の心境になっていたという。本島体制が発足した五十五年騒動が決着した時、玉置はその責任を感じて辞意を表明していた。翌五十六年三月二十五日の議員総会で正式に専務理事辞任が承認された。玉置は会議所ニュースに次のように述べている。

「会議所の中枢を預かる専務理事は、その素晴らしい思考力と正鵠な判断力、重厚な信頼性を具備していなくてはならない。しかし、既によわい六十五歳となり限界に至ったことを認識した。であるから、老兵はただ消え去るのみ」

本島会頭は同月二十八日、ふじや会館で送別慰労会を催し、玉置をねぎらった。玉置は感慨無量、会頭の温もりに深く感謝したと述懐している。

以来本島体制は盤石の基盤に立って会議所経営にますます尽力するのであった。

（四）太田商工会議所の役員・議員・会員と事業活動の展開

現在の会議所「定款」は会議所の目的を「本商工会議所は、地区内における商工業者の共同社会を基盤とし、商工業の総合的な改善発達を図り、かねて社会一般の福祉の増進に資し、もって我が国商工業の発展に寄与することを目的とする」とある。事務所は太田市浜町三番六号に置き、事業は一八項目にわたるが、要約すると左の七項目に集約できる。

①建議・要望活動……政策提言や関係機関との調整

②商工業振興事業……商工業に関する調査・研究・仲介・斡旋・調停・振興策・検定・講演会・講習会・展示会・証明・鑑定・相談指導等

③調整活動…………各種紛争の調整役、特に公害防止と商調協等

④地域活動…………地域との連携

⑤国際連携活動………貿易振興、国際親善、経済協力

⑥情報活動…………会議所ニュース発行等

⑦経営改善普及活動…地域商工業者への指導・助言

これら多岐にわたる諸事業を、事務局と連携しながら役員会、常議員会、各部会、各委員会などが実施に移し、地域中小商工業の振興・発展と地域社会の福祉の向上のために活動を展開しているのである。

本島会頭は副会頭・専務理事など経営トップの意思疎通を図り、経営理念の確立と財政面の安定・増収計画など、大きな権限があり各部会や委員会の設置や改廃を行い、会議の議長を務めて会議所の管理と運営に全力を尽くした。

本島会頭時代の三十九年間は会員数や一般会計予算の編成で大きな発展を見た時代であった。昭和三十七年度は会費収入が二五五万二〇〇〇円、会員数が六八二人であったが、同四十三年度は会費が一〇三六万二〇〇〇円・会員数が一一三四人と、一〇〇〇人をオーバーした。同五十五年度になると、会費三二九二万三〇〇〇円、会員数二〇二四人と初めて二〇〇〇人を超えた。平成時代に会員数・会費とも飛躍的に伸び、会頭退任年度の平成十三年度は財政規模が二億八五四九万二〇〇〇円に膨れ上がり、会員数は三〇一二人と三〇〇〇人を超えた。会員数の増加や加入促進運動の成果が表れたものといえよう。

（五）昭和三十八年からの商工会議所の事業や活動を摘録

商工会議所がかかわった諸事業や諸活動を年度ごとに抽出してみよう。

昭和三十八年

・東武伊勢崎線の複線化促進を東武本社に陳情（二月）
・宝泉村が太田市へ合併につき、同商工会を合併（三月）
・東毛福祉事業協同組合（給食センター）設立（六月）
・雇用促進安定協議会設立を決定（七月）
・会議所法施行十周年記念式典ならびに永年勤続優良従業員表彰式を五〇〇人参加して太田小学校で開催（十一月）

昭和三十九年

・常議員会で太田地区職場警察連絡協議会（職警連）設立に協力を承認（三月）
・新規学卒就職者激励大会を西中で開催（四月）
・群馬県中小企業技術者研修会（太田、大泉、尾島、新田）を旧会館二階で開催（六月）
・商工会議所婦人部（会員六五名）発足
・第六回群馬県商工会議所議員大会を㈱東京三洋で開催（十月）

昭和四十年

・本島会頭二期目に再任、委員会組織変更（財政・政策・商工対策・事業の各委員会）（十二月）

昭和四十一年

・旧会館第三期工事として北裏の駐車場用地購入（一三一坪・二六九万八〇〇〇円）（一月）

・会費改定、一口一〇〇〇円を一五〇〇円とし、最低二口とする（四月）

・都通り（四〇七号線東武線跨線橋）開通式（九月）

・第一回商店サービスコンクール実施（十月）

・豊年まつり八木節大会を南口十字路で開催（十月）

・役員・議員慶弔規定を制定、議員懇談会を二カ月に一回開くことを決定（十二月）

昭和四十二年

・住居表示実施、本島会頭が委員長になって七つの新町名が生まれる（四月）

・通産省の通達で定款を横書きに変更（五月）

・商業活動調整協議会発足、委員一五名・参与三名を選任（五月）
・太田工業団地造成完了（六月）
・東毛三市経済研究会会則を承認（八月）
・五月の通常総会を、三月は予算総会、五月は決算総会とすることを決定（九月）
・旧会館第四期工事として駐車場用地購入を決定（四三五坪、一三〇五万円、九月）
購入は十二月。

昭和四十三年

・会費一口一五〇〇円を二〇〇〇円に改定（三月）
・「太田商工名鑑」発行（四月）
・太田商工団体連合会設立（会長鈴木菊治・会員二四名、五月）
・太田地区珠算競技大会三一〇名参加、西中で開催（六月）
・太田市民会館、会館募金委員長に本島会頭が依頼されたが、協議の結果受けないことで回答（六月）
・太田市中央商店街開発の基礎調査を市と共同で実施（九月）

・太田物産展示会を大光院で開催（十一月）
・本島会頭再任、副会頭も交代、委員会の組織替え実施（十二月）

昭和四十四年

・太田市中央商店街開発協議会設立、委員二〇人（三月）
・両毛地域総合開発調査実施（三月から翌年九月）
・地区別だった会費台帳を部会別に変更（四月）
・旧市民会館建設の商工業者寄付金は、募金総額八〇〇〇万円の所、五〇〇〇万円を承認（四月）
・太田市商店街開発研究会発足、市部課長と正副会頭と専務で構成（六月）
・第四〇回全国都市対抗野球大会で富士重工が準優勝（七月）
・商業関係各種調査（買い物・経営実態・交通量）実施（七月）
・太田南一番街振興組合設立（理事長武川栄一、八月）

昭和四十五年

・常議員会で東毛福祉事業協同組合理事長に本島会頭が就任の報告があった（五月）

・（後の）電信電話ユーザー協会発足（五月）
・西部工業団地分譲審議会設立（金融・繊維・建設・商業の各部会より七名、正副会頭と市経済部長で構成、八月）
・経済発展に対応し、常議員を一五名から二〇名に増員（十月）

昭和四十六年

・常議員会で本島会頭が県連副会長に就任が報告された（七月）

昭和四十七年

・委員会の増設を行う（総務政策・雇用対策・二十五周年記念事業特別企画・都市近代化特別企画・流通団地特別対策の各委員会、中小企業工業団地審議会設置）（二月）
・日本団体生命共済の事務取扱受託を決定（四月）
・労働基準協会太田支部の事務局が会議所に移る（六月）
・会員名鑑二〇〇〇部作製（七月）
・太田市旧市街地地区住民意識調査発送（八月）

・三級営業士養成講座開講（九月）
・太田西部工業団地造成完了（十一月）
・太田西部金属組合設立、理事長大嶋一郎（十一月）
・太田市労政対策推進協議会設立（十一月）
・太田市中央商店街連盟設立、会長太刀川又吉（十二月）

昭和四十八年

・職員の服装規定、給与規程、慶弔規程を一部改訂。本島会頭は商工会議所、特に中小企業相談所の効率的運営を目指してコンピュータ導入を提言した（三月）
・会費一口二五〇〇円とすることを決定、「ぐんま警察友の会」に議員は全員加入することを承認、レクリエーション対策特別委員会の設置を決定（三月）
・商業近代化地域計画太田地区部会、第一回開催（五月）
・県商工会議所議員大会を旧市民会館で一〇六一人参加して開催、宝塚歌劇団公演鑑賞、両毛広域都市群の構想を提言、栃木県も同調（九月）
・小規模企業経営改善資金融資制度導入、商工会議所表彰規程設置（十月）

昭和四十九年

・オイルショックで「非常事態緊急対策本部設置」、金融相談・資材斡旋・調査・経営指導・中小企業相談所経営カルテ様式など改定（一月）

・西部準工業団地希望調査、三一社、五万五四五五平方メートル（二〜三月）

・市内高校卒業者の地元企業就職者表彰内規決定（三月）

・商業近代化地域計画策定事業報告書作成、五〇〇部（三月）

・新入職員激励の集いに六五社、出席者七四五名、市民会館にて行う（五月）

・本島会頭以下役員改選、本島続投、委員会の組織が大きく変更（総務政策・部会編成・会館建設・商業近代化・コンピュータ・東部工業団地特別・レクリエーションゾーン造成の各委員会設置、専決規程を設ける（十二月）

昭和五十年

・中小企業経営非常事態特別融資実施、一三〇件、七億三八六〇万円斡旋（二〜三月）

・第一回新会館建設委員会開催（二月）

・太田市本町商店街振興組合（理事長石黒鶴二）、太田市中央商店街振興組合（理

事長太刀川又吉）が設立（三月）

・宝泉住宅団地内商業施設造成審議委員五名を委任（三月）

・会費一口三五〇〇円にすることを決定（三月）

・各種貿易・原産地・サイン証明等の太田商工会議所証明（推薦書）交付要綱設置（十月）

・群馬県議会商工労働常任委員会が視察・懇談会（十一月）

昭和五十一年

・会議所主催の新年互礼会開催（一月）

・太田東部工業団地造成完了（二月）

・特別会員制度を発足させる（三月）

・労使懇談会開催、組合より要望事項を受けたが、常議員会で拒否した（四月）

・小規模企業振興委員制度設置、委員一〇名委嘱（七月）

・東部工業団地アンケート集計報告、一六社、五万六六五平方メートル（八月）

・太田西部金属協同組合落成式（十月）

・政経懇話会発足（常議員）（十月）
・歩行者通行量調査実施、以後継続（十月）
・太田市総合建設計画委員に商工業者が少ないと、五名増員を要求（十二月）

昭和五十二年

・東武線高架化促進委員会設置、西新町工業団地は尾島局から太田局に移ったことが報告された（二月）
・太田市総合建設計画策定委員増員二名推薦（松本恵介、栗原正夫）（四月）
・太田市総合建設計画策定に当たり、産業会館建設を提唱、商工会議所はそのなかにはいること、産業会館建設促進に関する要望書、東武線高架化に関する要望書決議（八月）
・商工名鑑二〇〇〇部発刊（九月）
・太田市スポーツ振興後援会発足（九月）
・太田ショッピングセンターと商団連との協定書成約が成り、同ショッピングセンターが開店（十月）

・市民憲章制定委員三名推薦（岡野源太郎・池田晃・島岡良次）（十一月）
・本島会頭ら再任（十二月）

昭和五十三年

・高林ショッピングセンター、当所を表敬訪問（一月）
・委員会の組織替えを行う。総務政策・都市政策・会館建設・コンピュータ・小規模企業対策・金融対策・工業団地対策・レクリエーションゾーン対策・商業振興・商工会対策の各委員会を設置（一月）
・市制施行三〇周年記念発明くふう展開催（五月）
・議員総会で、事業報告に記載された韮川地区商店街総合診断の期日に違いがあることで会頭と森尻平治議員で激論を交わす（五月）
・太田西新町金属協同組合設立（理事長飯塚利彦）（五月）
・ダイキン、すみやの件で、会議所、富士重工の利用が検討された（七月）
・商調協委員一七名任命、小規模企業振興委員一九名委嘱（八月）
・発明協会群馬県支部太田分会設立、会長大嶋一郎（十一月）

・太田貿易振興会設立、会長大嶋一郎（十一月）

昭和五十四年

・太田市日中友好協会設立（二月）
・服務規程を改訂、総務課と業務課を総務課に統合、相談所はそのままとする（五月）
・商調協の参与を特別委員と名称変更さる（八月）
・第一回発明くふう展、ベルタウンで開催（九月）
・役員・議員親睦旅行を定例化すること、及びゴルフコンペを年に二〜三回行うことを決定（十一月）

昭和五十五年

・特定退職金共済特別会計新設（二月）
・郷土産業振興協議会設立、会長本島虎太（三月）
・議員三六名の連署で臨時議員総会開催の請求が出され、常議員会で会頭、専務理事の解任要求が出されたが否決、副会頭と請求者代表で円満な話し合いが行われ臨時総会は中止となった。

・議員総会で役員選任に当たり鈴木菊治と本島虎太の二名が推薦され、討論の結果、起立採決で、本島四三名、鈴木一五名で、初の投票により会頭が選任されるという結果になった。（十二月）

・総会で会頭が議員定数九〇名の意向を表明（十二月）

昭和五十六年

・物価安定推進運動実施、参加一三地区、五四一店舗（一～三月）

・委員会構成を一二から一七とした、増えた委員会は親睦友好・会員選考審査・会員増強・部会活動・企業斡旋の各委員会（二月）

・委員会報告は委員長が通例として行うこととなった（五月）

・高林ショッピングセンター開店（六月）

・太田卸商業団地の造成に関する請願書を坂本議長に提出（六月）

・第一回太田地区企業行動会議開催（六月）

・商調協でカスミストアー、いせや、セキチューの届出の審議始まる（六月）

・国体募金割当一五〇〇万円を承認（七月）

・第一回商工会議所会員親睦ゴルフ大会、鳳凰ゴルフ場・二二五名参加で開催（十月）
・玉置専務が辞任し、九月より参与となった、新専務柳佳治選任（翌年一月）

昭和五十七年

・物価安定運動実施、参加一四地区・六五二店舗（二月）
・予算管理規程を設置、商調協委員の規範を設置、商団連の法人化に就いて好ましくない旨を確認した（三月）
・社団法人太田商工振興連合会創立総会（第一回）、太田流通団地推進協議会発足（会長鈴木茂）（五月）
・OA及びロボット研究協議会設立（六月）
・太田市産業会館建設調査研究委員八名、参与二名推薦決定（七月）
・倒産防止特別相談室設置、商工調停士四名、専門委員二名委嘱（十月）
・物価安定運動実施、参加二〇地区・六四〇店舗（十月）
・社団法人太田商工振興連合会認可される（十月）
・毛里田商工会正副会長との懇談会開催（十一月）

・部会の再編成を行い、一五部会を八部会とした、機械金属・第一商業・第二商業（食品）・動力燃料・理財文化・観光サービスの各部会とした（十一月）

昭和五十八年

・総会で議員、常議員の定数増員（議員九〇名、常議員三〇名）（三月）
・企業行動会議を商工会議所独自運営とすると決定（七月）
・太田まつり用Tシャツ作成し売り出す。菊富士ホテルと会員の保養所契約を結ぶ（七月）
・太田工業高校野球部甲子園出場に対し一〇〇〇万円の協賛金を決定（八月）
・議員選挙、選任規約の一部を変更する（九月）
・富士重工杉本康夫所長就任歓迎会実施（九月）
・あかぎ国体会場売店につき商工会議所が運営受託、運動公園二十店・東山球場四店・南口駅前四店、（十月）
・『風土記おおた』の会報連載一〇〇回記念祝賀会開催（十月）
・ピアタウン・カスミストアー太田店開店（十二月）

・議員総会で役員選任、本島会頭続投決定（十二月）
・太田韮川商業協業組合設立さる（十二月）

昭和五十九年

・優良従業員表彰規定を改訂（勤続年数十年・二十年・三十年以上とし、三年ごとに実施とした）（一月）
・委員会の再編成を行い、一五委員会を七委員会とした（一月）
・商工会議所会館を独自で建設することを決定し、会館建設特別委員会設置、委員一五名、委員長塚原守通・副委員長岡野源太郎（三月二十二日）
・太田市西本町商店街振興組合設立（理事長長谷川正二郎）（六月）
・市民会館において会員大会・永年勤続優良従業員表彰式、六四五名（六月）
・会員意識調査実施（八月）
・パソコン・ワープロ導入（八月）
・臨時議員総会を開催し副会頭島岡氏の死去に伴い石川清一を選任（九月）
・会館建設特別委員会が答申し、解散する（四階建て、延べ三九六〇平方《メートル》、

一〇億二〇〇〇万円、旧会館東側とする)(十一月二十二日)
・臨時議員総会で会館建設特別委員会の答申を承認する(十二月七日)

昭和六十年

・会館建設特別委員会と最高幹部会・総務部会・財務部会・建設部会設置(一月十七日)
・会館建設特別会計、運営資金特別会計を新設(三月)
・太田工業団地推進協議会発足、理事長吉江勉(四月)
・両毛五市商工会議所専務理事会議発足、連携と組織化を図る(五月)
・商工会議所共済制度加入優良事業所表彰規程新設(五月)
・群馬県防犯協会基金七〇万円を承認(十一月)

昭和六十一年

・服務規則と給与規則の一部を改訂、給料表の導入、夏季休暇三日間、業務分掌の統合など実施(三月)
・商工会議所会館地鎮祭実施、六十年度議員辞退者六名となる(三月)

・円高影響調査実施、六部会・三三〇社（五〜六月）
・役員・議員の特別会費設定（任期中三年）会頭二〇万円、副会頭一五万円、常議員一〇万円、議員・監事五万円（九月）
・国道四〇七号線地下道広告コーナー管理委員会発足（十一月）
・商工会議所会館上棟式挙行（十一月十二日）
・臨時議員総会で役員選任、本島会頭再任（十二月）

昭和六十二年

・委員会を増設、四十周年記念誌委員会・会員増強委員会・会館運営委員会（一月）
・会館運営特別会計を新設（三月十七日）
・金山東金属協同組合設立（四社）（三月）
・太田東金井金属協同組合設立（六社）（四月）
・正副会頭会議を毎月第一月曜日に定例で行うこととした（四月）
・太田商工会議所会館竣工引渡式挙行（四月十六日）
・給与規則一部改訂、期末勤勉手当支給日変更（五月）

・商工会議所会館落成記念式典挙行（五月二十六日）
・正副会頭会議で商工会議所青年部設立を決定（九月）
・会報編集委員会で『風土記おおた』の発刊を決定（十月）
・観光パンフレット「よかんべー」を一万部発刊（十一月）
・商工会議所会館落成記念セミナー、延べ五回開催（十一月）
・商工会議所創立四十周年記念式典開催（十一月二十五日）
・オフィスコンピュータ導入（ＮＥＣ）（十二月）

昭和六十三年

・市制施行四十周年記念「早雲・翠雲子弟父子展」開催を決定（一月）
・会員意識調査実施（二〜三月）

以上は『星霜　太田商工会議所四〇年史』の年表にある事項を書き出したもので、それ以後の記録がない。そこで『太田商工会議所創立六〇周年記念誌　青春の心』の年表から年度別に歩みを引用して記録しておく。

昭和六十三年度から平成十三年度までの足跡を摘録

・昭和六十三年七月　青年部設立、初代会長に岡田和夫氏が就任
・平成元年五月　米国ラフィエット会議所と友好姉妹会議所を樹立。十一月に『星霜　太田商工会議所四〇年史』を出版。
・平成二年十月　優良従業員表彰式を開催。
・平成三年五月　健康維持増進支援事業を開始、スポーツ施設利用を補助。
・平成四年六月～七月　米国ラフィエット会議所へ職員二名を研修派遣。
・平成五年四月　中国営口市より一四名、インドネシアのバンドン市より一一名の技術研修生を受け入れる。
・平成六年十一月　群馬県商工会議所会頭会議、当所で開催。
・平成七年九月　会員大会にて、城南電機宮路年雄社長の講演会を開催。
・平成八年十一月　優良従業員表彰式開催、五八事業所・三四一名表彰。

「会議所創立 60 周年記念誌」
「　同　70 周年記念誌」

・平成九年十月　創立五十周年記念式典を挙行、会員感謝の夕べを開催。

・平成十年四月　会員を対象にインターネット接続サービス事業を開始。

・平成十一年二月　中核都市の実現を目指す「広域都市開発推進協議会」が設立される。

・平成十二年六月　全国の会議所で初となるＩＳＯ９００２を認証取得。

・平成十三年十月　第五代会頭に荻原榮一氏を選任、本島会頭は十月三十一日をもって退任した。

（六）　十年おきに見た太田商工会議所の一般会計当初予算（収入総額）の推移

次に、本島会頭の就任当初から退任年度までの商工会議所の当初予算（収入総額のみ）を商工会議所総務課資料より引用して述べておきたい（表３）。

就任当初の昭和三十八年（一九六三）度は総計四六五万七〇〇〇円で、内訳は会費収入二二九万八〇〇〇円、補助金（県・市）一〇五万円、事業収入二八万六〇〇〇円、事業委託料〇円、雑収入三二万二〇〇〇円、他会計からの繰入金〇円、前年度繰越金一〇〇〇円という状況であった。

十年後の昭和四十八年（一九七三）度は、三三三六万八〇〇〇円、二十年後の同五十八年（一九八三）度は五五七一万八〇〇〇円、三十年後の平成五年（一九九三）度は一億六九五万四〇〇〇円と変遷した。退任年の平成十三年（二〇〇一）度は七五七九万五〇〇〇円の収入予算総額となっている。会費を納める会員数は本島会頭時代の初期の昭和三十七年度で六八二人、昭和四十年度で七九〇人だったが、同四十三年度は一二三四人と一〇〇〇人台となり、同五十五年度からは二〇二四人と二〇〇〇人を突破した。本島体制の最終期の平成十年頃からは三一〇〇人～三二〇〇人前後の会員数で推移していた。平成十年前後頃の太田市における商工業者総数は七六七八件（中小規模事業者数は六一六六件）程であったから、会員組織率は三九～四一％くらいであった。会頭以下役員は日夜、会員増強

表３　太田商工会議所一般会計予算（収入のみ）の推移

単位：千円

	昭和 38 年度	昭和 48 年度	昭和 58 年度	平成 5 年度	平成 13 年度
会費	2,998	18,080	33,750	47,960	51,534
補助金	1,050	9,340	4,700	6,800	5,448
事業収入	286	2,220	3,200	6,200	13,416
事業受託費	0	2,172	5,366	7,650	450
雑収入	322	1,243	2,050	1,800	1,387
繰入金（他会計から）	0	0	1,652	35,559	1,560
前年度繰越金	1	313	5,000	985	2,000
合計	4,657	33,368	55,718	106,954	75,795

に頭を悩まし、組織を挙げて積極的に会員加入者の増員運動を展開した結果であったが、四割の壁を超えるのはなかなか難しい現状であったと思われる。会員増強にも本島会頭の先頭に立っての指揮と牽引力が光っていた。

（七）事務局機構の変遷

一般に事務局は会頭はじめ役員の指示・命令を受け、業務の執行や付帯事項の事務処理に当たる責任がある。執行に当たっては誠実かつ迅速に執行し、確実に業務に当たらなければならない。しかも会議所では職員の数が少ないのが一般的である。

本島会頭は完全主義を志向し、事務局職員にも会議所業務の完璧化を求めていたといわれる。同時に、職員の待遇、給与等についても県下一〇会議所の上位にランクされる給与を支給できるように専務理事を督励していたといわれる。職員の海外研修派遣も昭和五十三年度頃より予算化して実行されたが、これも県下に先駆けての会頭の決断であった。

事務局組織の変遷は昭和五十四年五月の服務規定の改定に伴い、事務局機構が大きく変わった。同五十四年以前は役員である専務理事が事務局長と中小企業相談所長を兼ね、現場事務局の采配を振るっていたという。
昭和五十五年より、専務理事は事務局の最高管理者・責任者であることは変わらないが、事務局に専務理事の命を受け、庶務を統括する事務局長を置き、事務局職員は事務局長の指揮を受け、庶務を処理することとなった。さらに、平成九年（一九九七）の創立五〇周年時には総務課長を部長に変えたが、大きな変化はなかった。

事務局の組織の変遷は大略左の通りである。

○昭和五十四年以前

専務理事─┬─事務局長（専務の兼務）─┬─業務課長（専務の兼務）
　　　　　│　　　　　　　　　　　　　└─総務課長─課長補佐─職員
　　　　　└─中小企業相談所長（専務の兼務）─次長─次長補佐─職員

○昭和五十五年以後

専務理事―事務局長
- 総務課長―課長補佐―職員
- 中小企業相談所長（局長の兼務）―次長―次長補佐―職員

○平成九年（一九九七）創立五〇周年時

専務理事―事務局長
- 総務部長―総務課長―職員
- 中小企業相談所長―次長―課長補佐―職員

昭和六十二年（一九八七）度、本島会頭が還暦を迎えた翌年度の太田商工会議所の機構全体は参考までに掲げておくと、図８（１３５ページ）、表４（１３６ページ）の通りであった。

図８　太田商工会議所の機構図（出典40年史）

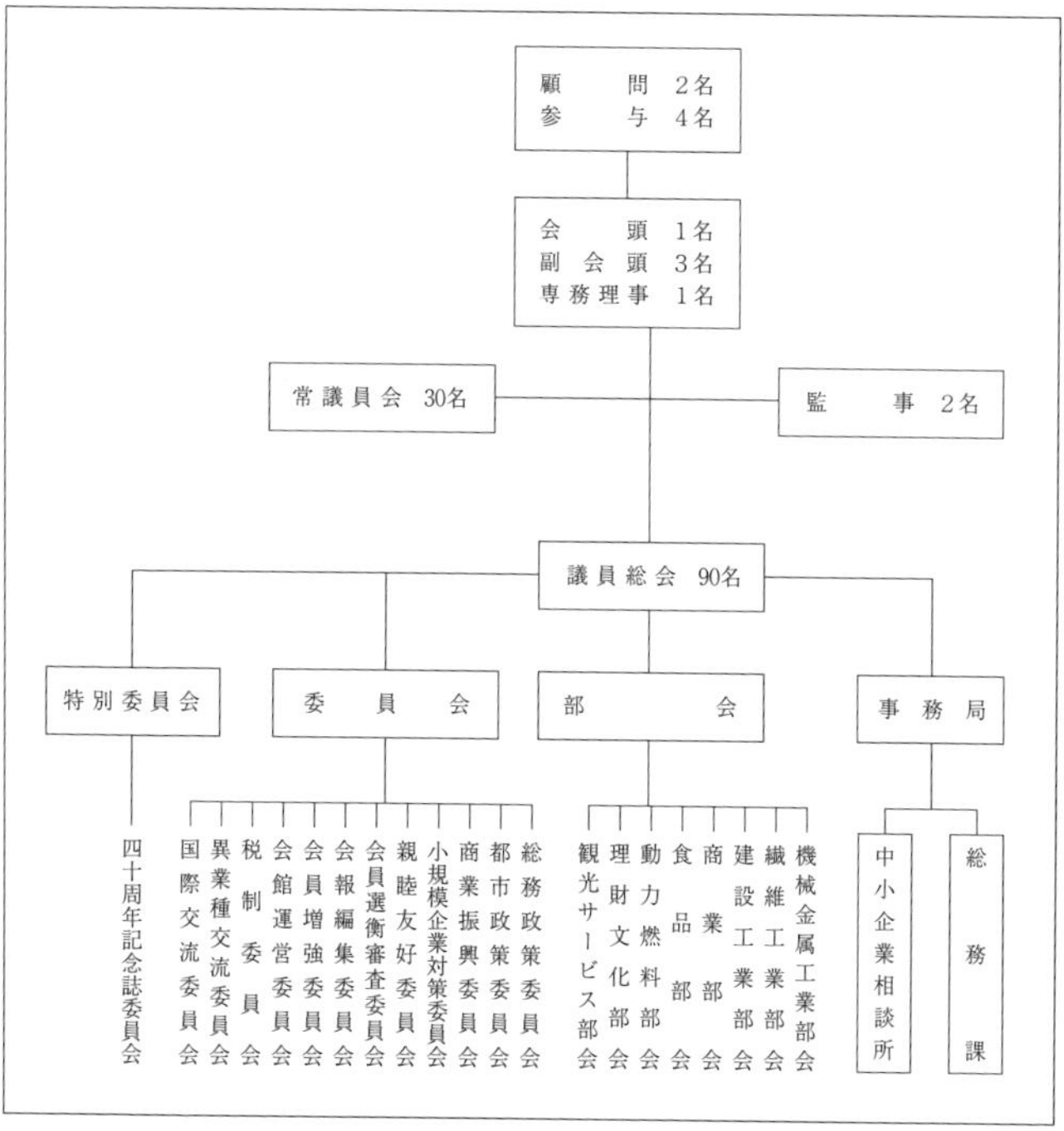

表4　昭和63年頃の太田商工会議所部会編成表

部会名	主な業種	会員数
機械金属工業	鉄鋼、非鉄金属製造、金属製品製造、一般機械器具製造、電機機械器具製造、輸送用機械器具製造、精密機械器具製造、プレス、金型、シャーリング、熔接、熱処理、研磨、鍍金、ゴム製品製造、プラスチック成型製造、加工、化学製品製造加工、その他	376
繊維工業	メリヤス製造加工、縫製、紡績、製糸、織物、キルト、ねん糸製造、レース・繊維製品製造、染色、絞、反毛、その他	148
建設工業	一般土木建築工事、土木工事、舗装工事、建築工事、大工工事、とび、木工、コンクリート工事、石工、れんがブロック工事、左官工事、塗装工事、畳、木材、製材、アルミサッシ、ガラス、建具、電気工事、電気通信、信号装置工事、水道工事、空調工事、建築設計、造園、石材、その他	321
商業	洋品（婦人服・子供服・紳士服）、呉服、洋服仕立て、洋・和裁仕立て、洋装教室、服地、作業服、寝具、書籍、文房具、スポーツ用品、つり具、がん具、ペット、楽器、娯楽用品、陶磁器、花・植木、造花、靴、鞄、履物、荒物雑貨、家具、金物、家庭用機械器具、家庭用電化製品、写真機・写真材料、時計、眼鏡、光学機械、医療品、化粧品、貴金属、月販、情報機器等の卸・小売業、その他	359
食品	酒、味噌、醤油、調味料、砂糖、塩、菓子、パン、たばこ、清涼飲料、茶、牛乳、鮮魚、野菜、果実、食肉、豆腐、こんにゃく、米穀、乾物、総菜、製麺、製粉、飼料、製パン、製飴、麹、等の卸・小売業、その他	238
動力燃料	機械器具、機械工具、医療器具、機械リース、工作機械、塗料、鋼材、金属材料、電力供給、産業廃棄物処理、自動車・自転車販売および修理、自動車部品、タイヤ、タクシー、ハイヤー、乗合バス、運輸、倉庫、石油、重油、ガソリンスタンド、プロパンガス等の卸・小売業、その他	175
理財・文化	銀行、信用金庫、信用組合、証券、商品取引、生命保険、損害保険、税理士事務所、公認会計士事務所、法律事務所、特許事務所、測量士事務所、司法書士事務所、行政書士事務所、社会保険事務所、歯科技工所、珠算塾、その他各種学校、不動産代理、不動産仲介、不動産賃貸、情報サービス、印刷、製版、製本、コピー、広告、看板、デザイン、その他	128
観光・サービス	旅館、ビジネスホテル、ホテル、食堂、レストラン、そば・うどん店、すし店、ラーメン店、料亭、割烹、キャバレー、ナイトクラブ、スナック、酒場、ビアホール、喫茶店、結婚式場、観光、写真、旅行あっせん、映画館、劇場、遊戯場、ゴルフ場、駐車場、理容、美容、クリーニング、公衆浴場、特殊浴場、衛生、その他	197

第八章　本島会頭が残した大きな業績・イベント

この章では本島会頭が十三期三十九年の在任期間の中で残した大きな業績の内、特別に記憶さるべき大きな事績を取り上げておこう。

一・「新商工会議所会館」の建設事業—本島三二〇〇万円寄付

昭和六十二年（一九八七）四月、ピカピカの新しい商工会議所会館が完成し、本島会頭に引き渡された。新築なった商工業界の殿堂は、太田の新しい顔・産業界のシンボルの一つとして市街地中心部に聳え立った。以下、新会館の構想から建設経過、資金計画、落成式典などを述べてみたい。

①なぜ新会館が必要になったか

左の趣意書に本島会頭の思いが述べられているので見てみよう。

昭和六十年（一九八五）二月一日付をもって会頭本島虎太名で発した「太田商工会議所会館建設趣意書」（要約）

『商工会議所は地域商工業界の振興・発展と地域社会の福祉の向上に資することを使命としており、会議所はその使命を果たす性格上、建物自体が象徴であるとされている。現（元の）会館は昭和三十七年に建設され、既に二十有余年経過し老朽化が激しく、手狭にもなってきた。そして拡大する業務に対応することが難しくなってきた。地元産業界はもとより市民からも新会館建設が待望されている』というアピールがなされている。

『商工会議所四〇年史』には、①旧会館が老朽化し、事務・業務・諸会議

図９　太田市の製造品出荷額等に占める主な業種別割合の推移（群馬県統計書による）

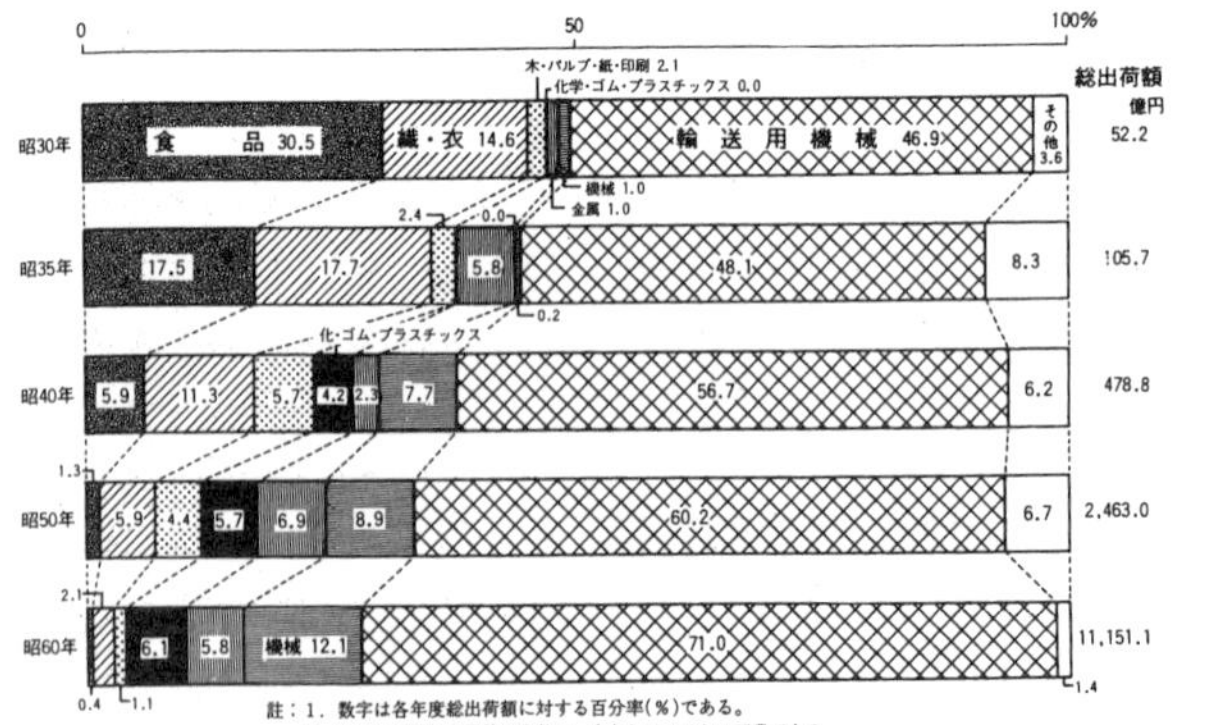

註：1．数字は各年度総出荷額に対する百分率（％）である。
2．繊・衣は繊維・衣服等の合算で、主としてメリヤス工業である。
3．機械は一般機械・電気機器・精密機械等を合算した。
4．輸送用機械はスクーター、自動車が主である。
5．その他には皮革・窯業を含む。

の運営上も狭隘且つ不便になり、諸般にわたり支障が出てきたこと、②県下三位の人口を有し、北関東で一・二位の製造品出荷額を誇る太田にふさわしい産業・経済界の殿堂が待望されていること（図9参照）、③情報化・国際化に対応できる開かれた会議所機能の充実が要望されていること、④会員・一般市民・県民が気軽に相談、会議を開き、交流を深かめるプラザが欲しかったこと、が挙げられている。できれば市役所の近くが望ましいとされていた。

②「会館建設委員会」の発足と活動

昭和四十九年（一九七四）十二月、会議所の委員会組織の改変に伴い「会館建設委員会」が設置され、翌年二月に第一回委員会で委員長塚原守通、副委員長小林利夫を選んで活動が始まった。早速遠近の会議所や産業会館の視察・研修・調査に出かけ、太田の会議所の構想を練った。しかし建設の概要的な構想はでき、遊休中の建物を改修して利用する案なども検討したが、昭和五十七年十二月に同委員会は解散してしまった。

③太田市都市計画の産業会館プランに相乗り案検討

ちょうどその時、太田市が「太田市新総合建設計画五〇〜六〇」を発表し、その審議会委員に本島会頭、玉置専務、小笠原・栗原・松本らの議員が参加することになった。この建設計画の中の基本目標として「産業の発展と豊かな街づくり」が挙げられ、特別プロジェクト三つが載っていた。それは福祉会館・社会教育総合センター・産業会館建設であった。市の説明は「産業見本市が開催できる展示ホール、中ホール、情報処理室、会議室等の諸施設を備えた本市産業活動の中枢的役割を果たす産業会館の建設を促進する」と述べられていた。事業計画は市が事業主体となり、前・後期の二期に分けて総額九億六七一〇万円で昭和六十年度までに完成させるというものであった。会議所としての要望が組みこまれたものであった。

昭和五十七年十月、市に産業会館建設のための「太田市産業会館調査研究委員会」が設けられ、会議所からも正副会頭以下八名が推薦されてメンバーに加わった。これによって右に述べたように会議所内の建設委員会は、発展的に解散したのであった。

初めは市が建設した産業会館に入る案もあって市の委員と一緒に各地の会議所などを見学・研修してきたうえで、会議所内でもいろいろと検討を重ねた。

④本島会頭の提案で会議所独自の会館建設を決意

昭和五十九年三月、通常議員総会が開催され、市の産業会館構想では区分所有や土地賃貸等の条件が出てきて、会議所のフリーな活動に問題点があること、将来を見通すと会議所会館は重要な資産になること、新たに一五人ほどのメンバーで会館建設特別委員会を結成してマスタープランを考え直したいことなどが本島会頭から提案され、承認された。次いで同年五月十六日、通常議員総会が開かれ、右の件が正式に上程された。会頭は「市の産業会館調査委員会では管理運営面で難しい面があり、商工会議所独自で建設していただき、市は側面から援助するとの意向が示されており、会議所もこれに同意した。したがって産業会館の中に会議所が入るという計画は打ち切りとなった。会議所独自の会館建設について了承いただいて、早急に会議所の建設特別委員会で進めていきたい」と提案し、議員全員の承認を得た。

こうして会議所内に「会館建設特別委員会」が直ちに結成され、委員長塚原守通、副委員長岡野源太郎、委員一三名を選んで活動を開始した。同委員会メンバーは先進地視察・研修を重ね、十一月二十二日には塚原委員長から本島会頭へ「答申書」が提出された。これを十二月七日の臨時議員総会に諮ると、拍手多数で承認されるというスピード感のある進行であった。

⑤「答申書」に見る建設構想

用地は旧会館の土地と、東に隣接する太田市所有の土地を無償で借用する。建設場所は太田市浜町三番四号・五号とする。会館の建物は鉄筋コンクリート四階建てとし、延べ床面積は三九六〇平方メートルを超えない程度とする。建築資金は、建設費八億円（付帯工事・什器・備品含む）、駐車場設置費一億円（架橋・緑化費含む）、設計・管理費二〇〇〇万円、予備費一〇〇〇万円、総額一〇億二〇〇〇万円とする。資金調達は、建設資金七二〇〇万円、役員・議員拠出金二億四〇〇〇万円（内訳、正副会頭五〇〇〇万円・常議員三〇人九〇〇〇万円・監事二人六〇〇〇万円・議員五八人五八〇〇万円）、大手企業七〇～八〇社と一般会員から二億五〇〇〇万円～三億円、総額五億二六〇〇万～五億七六〇〇万円とした。不足額は群馬県と太田市よりの助成金とした。調達は昭和六十、六十一、六十二年度の三カ年とした。建設・設計等については、建設及び付帯工事（緑化含む）は地元会員企業を優先とし、什器・備品の購入も地元会員企業を優先とする。設計は広範に呼びかけ、コンペとする。運営は建設後の商工会議所財政を圧迫することのないよう、会館一階は社会性のある企業と来客者の満足できるレストランに貸与する。

その他として、①太田市産業界総合のシンボルとして商工業者が入りやすく、コミニケーションホールの役割を果たす開放された会館とされたい。②建物は後年度負担を考慮し、ローコスト・エネルギー対策に配慮されたい。③建設は現役員・議員の任期中（昭和六十一年十一月）とされたい。④顧問・参与の増員を図られたい。⑤新しく設置される会館建設委員会には、委員長に会頭、総務・財務・建設の三部門に各々副会頭を配置されたい。なお、この委員会には若手議員も登用されたい。⑥県・市ご当局及び県議会・市議会に対し、会館建設の趣意書を早急に作成し、お願いされたい、とある。

この答申書には、本島会頭の広く深く考えた構想が十分に入っており、この構想は大局的な基本方針と細部にわたる内容を包括してあるので、これをベースに具体的な建設事業が始まったのである。

⑥「会館建設特別委員会」の設置と組織・運営の概要

答申を受けて、昭和六十年（一九八五）一月十七日、臨時議員総会が開催され、「会館建設特別委員会」が設置された。

組織は委員長に本島会頭、副委員長は松本恵介・鈴木清一・石川清一の副会頭が任に当たり、副委員長はそれぞれ総務部会長・財務部会長・建設部会長として三部会を統括することにした。各部会には部会長・副部会長・部会委員を議員の中から選んで配置した。

事務局は正副委員長の下に、柳専

図 10　会館建設特別委員会の組織

会館建設特別委員会委員長
（本島会頭）

副委員長
（松本・鈴木・石川副会頭）

総務部会	財務部会	建設部会
◎松本恵介	◎鈴木清一	◎石川清一
○小林利夫	○塚原守通	○岡野源太郎
○石川重政	○大塩孝三	○佐藤　辰
○下山隆三	○橋本見吉	○岡田和夫
	○小林秀男	
	○荻原栄一	

（◎印　部会長
○印　副部会長）

務を事務局総括者に置いて、三部会ごとに部会事務局を設置して課長、次長、主だった職員一～二人貼り付けた（図10の組織図）。

　重要事項が発生した時や、部会をまたぐ問題などが出た時は会頭の招集で「最高幹部会」を開くこととした。最高幹部会は全体で三二回開催された。総務部会は合計五八回開催、財務部会は合計二二回、建設部会は八二回に及んだ。

⑦建設作業と落成まで

用地選定と設計　用地は旧会館の敷地とすぐ東の太田市所有地（旧富士製氷工場跡地で市が購入して駐車場にしてあった所）との合計五〇八〇・三三平方メートルを確保した。太田市分は大所高所からの判断から商工会議所育成に資するという観点から三十年間無償貸与という契約を市と結んで借用したものであった。「回答書」にあったような四階建ての会館にすることから、会員・特別会員（総合建設業者）・希望があった設計業者二六社を選び、説明会を開いた結果、コンペ参加社は一六社となった。最終的には一三社がコンペに応募して市役所の二部長も参加し、検討したところ三社に絞り込まれた。そして第一席となったＲＩＡ建築総合研究所の設計が会館設計の基本と決定した。

建設業者の選定と契約金の決定　答申案の意を受けて建設業者は①会員であって地元業者②年間請負額一〇億円以上で地方公共団体の工事受注の有資格者③会議所への貢献度（入会十年以上・会費一〇口以上・寄付金百万円以上）という資格基準を定めて選定に入った。結果は八社と決まり、八社共同企業体に発注することに決まり、石川建設㈱を企業体代表とした。八企業体は、石川建設㈱（代表）、石橋建設工業㈱、協和建設㈱、守屋建設㈱、㈱大光建設工業、桐生建設㈱、関東建設工業㈱、武蔵建設㈱であった。契約金は同年三月、協議を重ねた結果、建設費を七億八〇〇〇万円で契約し、契約金の支払いは契約時二五％、上棟時二五％、六十二年十二月時点で二五％、竣工時に二五％の四回払いとした。

地鎮祭　昭和六十一年三月二十五日の大安日を選んで行われた。太田市長・市議会議長・市会議員・県商政課長・県議・設計者・建設共同企業体八社・本島会頭以下役員、議員など九二人が参列して実施された。

上棟式　同六十一年十一月十二日、一～四階までの外枠コンクリート打設が終わったところで地鎮祭と同様な人々が総勢七二人が集まって建設現場で執り行われた。

定礎式　内外装工事・外構工事・駐車場工事・植栽工事などが次第に完成し、三階の特別会議室の同時通訳システムなどの設備も完成していった。同六十三年三月〜四月にかけて消防・ＲＩＡ・会議所関係者による検査が実施されて、指摘事項の手直し工事を行い、四月一日までに「新田義貞公の稲村ガ崎黄金剣投入図」が取り付けられた。

　定礎式は昭和六十二年四月六日、会館エントランスホールに於いて会館建設正副委員長・建設部会長・設計者・共同企業体代表石川社長・事務局職員ら一四名が参加し、本島会頭の定礎の辞奉読があった。テープカット・定礎銘板鎮定の儀・礎石据付の儀と進行し終了した。定礎に収納した品物は、役員・議員名簿と写真、職員名簿と写真、商工会議所当期決算・事業計画書、

新会議所会館全景

会議所ニュース、当日発行の日刊新聞、現在発行の貨幣、会館建設委員会委員名簿、寄付者名簿と趣意書、パース写真、壁画写真等であった。

竣工引渡しと修祓式　昭和六十二年四月十四日威容を誇る新会館が姿を現し、午前十時半より竣工引渡式が行われた。本島会頭の挨拶に続き、書類と鍵が渡され、会頭は受領書に捺印した。ここに新装なったピカピカの会館が本島会頭に引渡たされて、四月二十日より新会館で業務が執行されたのである。

　修祓式は同月二十日午前十時半より一階展示ホールに於いて会頭以下役員・議員ら四五名が参加して「太田商工会議所新会館修祓式」が挙行された。神事が次々に執り行われた後、本島会頭の施主挨拶、石川共同企業体代表の施工者挨拶、全員で乾杯して終了した。

　本島会頭の脳裏には会館建設の三年間が回想され、喜びと安堵感、満足感が満ち溢れていたのではなかろうか。

建設資金の決算　会館建設に要した資金は、総額一〇億二〇〇〇万円で、建設費の内訳は次の通りであった。

建築工事費	八億九〇〇〇万円	（総面積一二〇〇坪、付帯設備含む）
既存建物解体費	三〇〇万円	（鉄筋コンクリート三階建ての旧会館二〇〇坪）
什器・備品費	五〇〇〇万円	（ＯＡ機器、机椅子、各種什器）
設計管理費	三〇〇〇万円	
設計競技費	一五〇万円	
地質調査費	一五〇万円	（ボーリング調査）
受益者負担金	七〇〇万円	（上下水道、電気工事等負担金）
公租公課	一〇〇〇万円	（登記、印紙、取得税等諸税）
式典諸費	一〇〇〇万円	（地鎮祭、上棟式、竣工式等）
諸活動費	二〇〇万円	（会議、募金、渉外活動等）
諸雑費	一五〇〇万円	
計	一〇億二〇〇〇万円	

募金目標五億円と県・市の補助　「答申書」にあったように、計画では五億円を会

議所関係者で拠出しようということになり、同六十年六月から募金活動が本格化した。本島会頭は率先して三二〇〇万円の拠出を受諾し、すると副会頭は三名で一八〇〇万円を了承した。常議員は三〇〇万円×三〇人で九〇〇〇万円、議員は一〇〇万円×五八人で五八〇〇万円、監事は三〇〇万円×二人で六〇〇万円、合計二億四〇〇〇万円と、役員は積極的に協力してくれた。

残り三億円は篤志企業と一般会員の寄付金で賄うようにして、篤志寄付は富士重工㈱、群馬銀行㈱、三洋電機㈱東京製作所をはじめ一〇〇社ほどをリストアップして会頭以下役員や財務部会の役員が企業訪問して訴え、寄付金を集めた。一般会員は部会ごとに会議を開き寄付を募った。こうして昭和六十二年三月までに両者で一一三八名から四億九八〇〇万円の寄付金を集めて、目標を達成できた。

群馬県と太田市へは趣意書と「陳情書」を提出し、本島会頭を先頭に粘り強く走り回り、助成金拝受のために精力的な運動を展開した。その結果は太田市からは昭和六十一年度二億円、翌六十二年度にも二億円、合わせて四億円を援助いただくことになった。市からはその上、土地を三十年間無償で貸与して頂けるということとなので、会頭以下役員は大きな感激と感謝の気持ちを市当局に捧げたのであった。

群馬県への陳情も本島会頭を先頭に強力に行い、地元選出の四県議（福田作三・武川栄一・清水聖義・岡部一雄）にも助力と指導を賜り、六〇〇〇万円を二年間、合計一億二〇〇〇万円の助成金を頂けた。

県・市の助成金は合わせて、五億二〇〇〇万円となり、本島会頭以下役員は大喜びし、安堵の胸を撫で下ろしたものであった

こうして、会館落成記念式典が昭和六十二年（一九八七）五月二十六日、新装なった太田商工会議所会館三階の大ホール「菊華」に於いて参加者三二〇人を得て盛大に挙行された。本島会頭の式辞は次の通りであった。

「本日ここに太田商工会議所会館落成の記念式典を開催させていただきましたが群馬県知事殿をはじめ多数のご来賓の方々をお迎えし賑々しく挙行できますことは光栄この上もない感激の至りでございます。さて、この度は難しい経済諸環境の中であるにも拘わりませず恙なく完工でき、地元産業界初め地域発展に寄与させていただきますことは誠にありがたく、偏に群馬県、太田市ご当局をはじめ地元有力企

業の皆様、そして一〇〇〇になんなんとする中小企業の皆様の手厚いご芳情ご支援の賜と深く感謝の誠を捧げる次第でございます。そして、私たちは今日の会館の完成が実に四十年に及ぶ会議所の歴史の中で、辛酸努力した太刀川・水谷・黒川の歴代会頭をはじめ多くの先達労苦の結晶であることを強く深く認識して、改めて敬意と感謝の意を表させていただく次第であります。

さて、今度の会館は急激な近年の工業出荷額の伸長、中小企業群の増加、そして二十一世紀の近代社会に対応するためのものでありますので、設計に充分の留意を致し、近代商工会議所に相応しく外観・内容・機能を整えさせていただき、地元企業八社と地元産品重用により建築させていただきまして大方のご好評をいただき街の美観にも役立つものと期待させていただいている次第でございます。

さて、時あたかも日本を取り巻く経済環境はまことに困難のものがございます。この新しい会館を存分に活用し、不透明の難問を突破することこそ私どもに課せられた使命と痛感し、又皆様方より頂いたご芳情に応える道と存じ、役員・議員一同力を合わせて懸命の努力をいたす所存でございます。ご来会皆様方の倍旧のご指導をお願いする次第でございます。本日は折角のご来駕にも拘わりませず準備不行届きの上、粗酒粗肴でございますが何卒ご寛容戴き、しばしご歓談賜りますようお願いいたします。終わりにご来会諸先生のご健勝をお祈りしつつお礼のご挨拶とさせていただきます。

昭和六十二年五月二十六日
太田商工会議所会頭　本島虎太」

二．『星霜　太田商工会議所四〇年史』、『風土記おおた』の発刊

本島会頭時代に会議所として取り上げた刊行物は各種報告書、会員名鑑、観光案内本『よかんべ』などがあるが、ここでは二つを取り上げて記載しておこう。

（一）『星霜　太田商工会議所四〇年史』の発刊

太田商工会議所は昭和六十二年五月に創立四〇周年を迎えるので、記念事業として新しい会議所会館の建設と記念誌発刊の二大事業を計画した。会館は前章で述べたように六十二年五月に落成し、新しい殿堂で業務が行われている。

昭和六十二年一月十四日、会議所の委員会に四〇周年記念誌委員会が増設されて、委員長は塚原守通、副委員長に真下武久、委員に池田晃・藤屋博之・古川隆・下山建二・大川陽一・小堀忠夫・松本博の各議員を委嘱した。翌年一月には委員一三人を増員して組織を固めた。そして相崎奎二元専務・玉置行男前専務を特別委員に据え、執筆陣には地元の高校等で郷土史研究や市史編集委員などとして活躍している茂木晃・矢島力・正田喜久・正田安司各先生を依頼し、積極的に協力していただいた。特に玉置行男には参与の職にあったが常勤として本誌全般の製作編集の統括をしてもらい、事務局は柳専務理事を中心に岩崎局長・神沢課長はじめ職員が資料作成や整備、収集保管のために夜間まで努力をしていたという。編集・製作に当たったのは上毛新聞社出版局の柳田局長、北村・富沢・末吉らで、その真剣な業務運営には頭が下がる思いであった。

太田商工会議所 40 年史

内容構成は、歴史の真実を地盤にしつつも硬すぎるものでなく、多少は物語風な色合いを加えて異色な四〇年史にする方針で臨み、会員の寄稿欄「松籟」や市民の「座談会」を章末に入れて雰囲気をやわらげる工夫をした。

第一編は「待望の太田商工会議所新会館　新築・落成」として会館特集とし、会館建設の経過、資金、業者選択、会館落成記念イベントなどが記述されている。

第二編は「太田地域の歴史」で、原始古代・奈良平安時代・新田一族の興亡（中世）・大光院・太田宿・勤王（近世）、以後は明治期・大正期・昭和期と記述した。

第三編は初代太刀川会頭時代、第四編は二代水谷会頭時代、第五編は第三代黒川会頭時代、第六編は第四代本島会頭時代として、各時期の時代背景・経済状況・移り変わる太田地域の状況等が書かれている。第七編は資料編として会議所定款・財政規模・会員数の変遷・歴代会頭以下役員一覧・議員一覧・事務局職員と、機構組織及び名簿・年表・参考文献が掲載されている。

本島会頭は巻頭の「発刊にあたって」の中で、「会館の落成と共に記念誌を発刊し先人の業績を記して後世に伝えたいと諮りましたところ、議員全員の賛同をいただきました」と経過の一端を述べ、結びに「ここに謹んで関係各位に深甚なる感謝の誠を捧げる次第です。そしてこの素晴らしい記念史を多数の皆様が折に触れ繙き、先人の偉業に感激され、時代の貴重な指針として長く伝えられることを心からお祈りいたしましてごあいさつといたします」と述べている。『本島虎太』執筆に当たりこの四〇年史が大変役立って有難かったと感じているところである。

なお、発行は平成元年十一月二十四日で制作・印刷は上毛新聞社出版局、非売品とし、広告は一切無しで二七〇〇部発行、会員二一〇〇人と関係官庁・学校図書館などに無料配布した。

(二)『風土記おおた』の刊行

会議所ニュース（現在は「商工おおた」という）は当時、二五〇〇部を毎月発行する会議所の広報誌である。会議所ではこうした新聞の性格上、ややもすれば硬い記事が並びやすいものとの反省に立って、何か目玉になる読み物を連載して、会員に一層の興味と関心を持ってもらい、読まれるニュースにしたいと考えていた。当時太田女子高校の

『風土記おおた』

教員だった茂木晃に依頼して、太田地域の歴史・産業・自然・人物誌・文化・行政などを連載してもらったのが『風土記おおた』であった。

連載の第一回は昭和四十九年（一九七四）九月号からであるから、同六十三年（一九八八）五月号で一五〇回になった（一月号は特集号のため休載）。内容は通史概観、自然と産業、近代人物誌、太平記の里―鎌倉時代―、金山城の時代―室町・戦国時代、近世人物誌、県・郡・市町村史、商工会議所の歴史、文明の利器、銀行史、高等学校誌、義務教育史、社是・社訓、明治十年頃の太田を一五〇回に分けて連載したものであった。

会議所では昭和五十九年一月、会報編集委員会を立ち上げ、委員長岡田和夫、副委員長中村光雄、委員荻原暉久・斎藤勇・稲村利夫・清田直司・大胡恭久・田中利正・中島廣志・松村正也・石川昌男らを選んだ。岡田委員長らは連載中の「風土記おおた」の評判が良いのでこれを一冊の書物に纏め、会員だけでなく一般市民にも読んでいただき、郷土や地域を知る資料として活用してもらおうということになった。

こうして連載した原稿に訂正を加え、資料編を追加記載して発行することになった。昭和六十三年五月二十日、著者茂木晃、太田商工会議所が発行者となって上毛新聞社出版部が編集発行にあたり、四〇〇〇部を世に出した。表紙はわたなべしげる画伯による大光院開山堂を幻想的に描いていただき、表紙の『風土記おおた』は本島虎太会頭の揮毫という素晴らしい完本となった。本島会頭は巻頭言の「発刊にあたって」で、こうした本の発刊は「まことに結構なことであり、多くの商工会議所の中でもおそらく初めてのことではないかと存じておりまして我が意を得たり」と評価していただいた。

この前年六十二年十一月には『よかんべー上州太田案内記』が会議所観光サービス部会（部会長関根明忠）から企画発行され、会議所会員の飲食業・サービス業関係のお店の紹介、太田の名所旧跡やイラストマップを入れた旅ガイドとなっており、掲載店の電話帳・広告欄が入って㈱堤デザインの印刷となっている。カラー写真には日本文・英文の説明がついていて外国人への配慮がされている。

本島会頭時代はこのような出版・発行など文化面にも力を注いで頂いたのであっ

た。

三．国際交流・国際親善で太田市と協力

本島会頭時代に初めて国際親善と友好交流事業が太田市と協力して始まったことも重要な足跡であった。以下いくつかの事例を紹介しておこう。

米国バーバンク市と姉妹都市提携　太田市が姉妹都市提携した第一号は米国カリフォルニア州バーバンク市であった。バーバンク市はロスアンゼルス大都市圏にあるロッキード社のある航空機産業の立地する工業都市である。テレビスタジオなどもある人口十万人の地方都市である。昭和五十七〜八年にかけて市民団体が都市提携を市に働きかけ、続いて同五十九年に市も同意して同二月十四日、戸沢市長ら七名が渡米して調印したものであった。以来市役所・市議会・商工会議所・民間団体が一体となって親善を深め、交換学生の相互

バーバンク通り風景

派遣、会議所関係者の往来などが行われた。同六十年九月、太田貿易振興会（大嶋一郎会長）一行二二名がバーバンク市を訪れ会議所としての協力の一端を担った。これを契機に市役所と会議所の間にある東西の道路を「バーバンク通り」と命名したのである。

中国営口市との友好都市提携　太田市が初めての友好都市提携を結んだ営口市は、中国東北区遼寧省にある都市で、遼東半島の付け根、渤海東湾に位置し、人口一九六万人という大都市で、軽工業と紡績業が発達する貿易港湾都市である。

提携のきっかけは、大泉の東京三洋㈱副社長黒河力との企業合作のため代表団が来日した時、代表団を太田市長・会議所会頭らに紹介し、友好都市提携を申し出がされた。市に「営口市友好都市推進委員会」が設置されて三カ年交流を積み重ねた。こうして昭和六十二年九月二十六日、両市代表団が営口市賓館に赴き、十人ずつ出席のもとで調印式が行われて交流が正式に始まった。経済友好代表団や中国調理師友好交流団の来日には会議所も協力を惜しまなかった。

米国ラフィエット市商工会議所と太田商工会議所が「友好姉妹会議所」を樹立　昭

和六十三年（一九八八）八月、太田商工会議所会頭本島虎太より太田市長戸沢久夫宛てに「米国インディアナ州ラフィエット市と太田市との姉妹都市提携について」という要望書が提出された。その概要は「富士重工㈱が同市に工場を建設中であり、会議所会員である坂本工業・しげる工業・富士部品工業・日本発条等がラフィエット市近郊に進出を決定し、既に工場の建設に着手している。同市は全米屈指の大学もあるので、姉妹都市提携を結び国際交流の活発化と当市の商工業の活性化、太田市の国際性豊かな文化の向上に資するので早急に姉妹都市提携をしてほしい」というものであった。ラフィエット市は米国中西部のインディアナ州北部に位置し、穀倉地帯の真ん中にあり、人口十二万人の近代工業都市で、工業系総合大学パデュー大学があって三万人の学生が学んでいるという。

　同年十月後半の八日間、太田市親善使節団が訪問し、

ラフィエット商業会議所との「友情と繁栄のための宣言」に署名する両会頭（奥が本島会頭）

現地の視察と研修、親善交流を深めてきた。一二名の使節団の中に、本島虎太会議所会頭・会議所国際交流委員長石川重政・太田市教育委員長小林利夫らがおり、先方との親交を深めてきた。しかし、既にバーバンク市と姉妹都市提携を結んでいたので、市としては提携できないと判断したようである。翌平成元年（一九八九）五月、米国ラフィエット商工会議所と当会議所が友好姉妹会議所を樹立し、民間で都市提携を進めようとした模様である。

会館建設の真っ最中であり、会議所創立四〇周年記念式典があり、四〇周年記念誌「星霜」の発刊が急がれるという繁忙期にあって、国際親善・友好のシステムを作り上げた労苦は驚嘆に値することであった。

新会館三階に特別会議室を作って通訳機能を持たせたのは本島会頭の国際化に対応した先見性があったことを示すもので頭の下がる思いであった。

四．太田都市ガス㈱の創設

近代産業や市民生活において、流体エネルギーの代表ガス燃料は不可欠のものである。桐生・館林には戦前から都市ガスがあり、近隣の足利や伊勢崎、沼田にも戦後この事業が開始されていた。ところが工業の成長と人口の集積が進み、発展しつつある太田市には都市ガスがなかった。昭和三十年代から太田にも都市ガスが欲しいという話はあったが、設備産業のため資本がかかること、産業基盤が弱く需要が少ないことなどからくるリスクへの懸念などから話は立ち消えになってしまった。

　昭和三十七年（一九六二）十二月、本島が会頭に就任した頃、会議所内に「給食都市ガス促進委員会（後に都市ガス促進委員会）」が設置されて研究をはじめ、公益事業の一つとして「太田にも都市ガスを！」と声高に提唱することになった。

　「給食都市ガス委員会」の最初の構成メンバーは次の通りであった。

委員長　本島虎太、副委員長　高橋孝雄・横塚清作・堀越金次郎、委員　阿蔵岩吉・宮村力男・大嶋一郎・

浜町の太田都市ガス（株）事務所

青木逸平・相崎奎二・深堀善作・栗原正夫・澤田俊一・佐藤　辰・池田　晃・坂本久治・米沢仲三郎・西田家隆・北爪茂・近藤武雄・大江恵祐の各氏であった。

本島はこれより前に父の進より「太田にも都市ガスを設立するとよい」旨のアドバイスを受けていたので、都市ガスの件は興味があったという。同四十二～三年頃本島は当時の太田市長田島宗仁に直接都市ガスの必要性を提言したところ、市長は賛成してくれた。そこで市議会議長が会長になり、本島が副会長となって、市と会議所などから委員が出て「太田都市ガス推進委員会」を結成し二～三回会議を開いて話し合ったがそれだけで立ち消えとなってしまった。市としてはリスクが大きいとして手を引くが、あとは本島がやってくれということになったらしい。本島は、全国を見渡しても民営事業の方が、営業実績が良いと判断した模様だが、冒険であることも確かであった。またどこにガスの基地を置くか、地元プロパンガス業界に会員もいるのでプロパン業界とのテリトリー問題があるなど、多くの難問が山積していた。しかし、本島は「民族自決、自力更生」の決意で自ら率先して資金を提供し、後に社長として陣頭指揮にあたった。資金は会議所の議員にも株式を持っていただき、プロパン業界とも調整がうまく進み、ガスの生産工場は西部工業団地の北東地区の一角を確保できて、事業が始められた。事務所は太田市浜町一七―四に置き、事業許可は昭和四十七年（一九七二）一月二十八日で、供給地域は太田市及び大泉町、創立時資本金は九〇〇〇万円、当初従業員は九名であったという。現在、本島虎太は会長として毎日出社し経営の状況を見守っている。

太田都市ガスは一般家庭への供給は勿論だが、富士重工業㈱と関連下請け会社、旧三洋電機㈱など大企業が大口需要家であるが、中小企業の多くも需要家となっている。都市ガスは工場等のエネルギー源、冷暖房用・乾燥用・公共施設用として今後も地域社会への貢献度が大きく、発展が期待されている（『星霜　太田商工会議所四〇年史』）。

五．本島の盟友石原信雄と平成の大合併

（一）盟友石原信雄と本島虎太

本島虎太の同級生で盟友石原信雄氏は大正十五年（一九二六）、旧境町（伊勢崎市）

石原信雄氏

剛志の中農の長男として生まれた。小学校を卒業して一年後の昭和十五年（一九四〇）四月、旧群馬県立太田中学校に入学した。本島も太田尋常小学校を卒業して一年後に同太田中学校に入学し、ここで初めて知り合った。石原は「本島も私も旧制太田中学校へは一年遅く入学したが、その原因は、本島の場合は健康問題であったのに対し、私の場合は成績の問題であった」と述懐している。また、「本島と私は生まれ育った環境が全く異なっていたのに、旧制太田中学校の同期卒業生の中でも生涯、最も親密な交友関係を続けることができた。これはお互いの性格や世界観に共通するものがあったことによると思う。（生まれ育った環境は）本島は地域の由緒ある病院の出で、京都大学経済学部を卒業し、東京電灯㈱（今の東京電力）に勤務された父を持つインテリの家庭の出である。私は中農の長男として生まれ育った」と、平成三十一年四月十一日に東京銀座の事務所で面談したことの追加事項としてファックスを送って戴いた。

昭和十九年度後半に、太田中学校に学校工場が設置された時、石原と本島は「進行管理」の部署に配置され、工具室で物を出し入れする部品管理という仕事をやっていた。本島は家からレコード盤をもってきてこっそり二人でクラシック関係の音楽を聴いたこともあったと語っている。その頃、本島宅へ遊びに行ったとき、父進氏から「経済力との関係でこの戦争（大東亜戦争）は日本が負けるよ」という話を聞いて、大きなショックを受けたと語っていた。また、進氏はリベラルな方だったと思うといっていた（右記の四月のインタビューでの聞き取りによる）。

昭和二十年三月、太田中学校を卒業すると、石原は中島飛行機に入社することを希望して、官立「桐生高等専門学校（桐生高専、群馬大学理工学部の前身）を受験・合格した。ところが、同年八月十五日、日本が無条件降伏して終戦を迎え、中島飛行機も廃止となってしまった。

桐生高専を退学した石原は進路を大きく転換して、

石原信雄氏（中央）と懇談する本島太氏（左）・筆者

仙台の旧制第二高等学校（東北大学）を受験、合格して勉学に励み、ついに日本最高峰の東京大学法学部に合格し入学した。勉学に精励して昭和二十七年三月、同大学を優秀な成績で卒業した。

同年四月、国家公務員試験を受けて合格、地方自治庁に入庁して国家公務員として活動する第一歩を歩みだした。はじめは財政課で「見習い」として業務の研鑽に励んだが、やがて茨城県総務部総務課事務吏員となって転出。本庁に戻って自治庁財政課職員、次に鹿児島県財政課課長、また本庁に戻って自治庁財政課課長補佐、さらに岡山県総務部長と県への出向をした後、本庁で昇進を続けた。自治省財政課長・大臣官房審議官（財政担当）・税務局長・財務局長を歴任し、昭和五十九年〜六十一年の間「自治事務次官」、同六十二年七月には竹下内閣の「内閣官房副長官」（事務）に就任した。以後、石原の調整能力や政策通などの力量が信頼に繋がり、竹下政権・宇野政権・海部政権・宮澤政権・細川政権・羽田政権・村山政権の七代の内閣に事務方のトップ「内閣官房副長官」として仕え、内閣を支えた。退官後は平成八年（一九九六）から「地方自治研究機構」の理事長を十年務め、平成十八年より同機構の「会長」となって、現在は部下の指導に当たっている。

右のように霞が関にあって、自治官僚として今日の地方財政制度の基礎を築いた業績は高く評価されている。

石原信雄氏の信条は「官僚組織は常に中立であって、どういう政権が誕生しても全力で仕える」「行政のルール、守るべき道筋というのはあるはずだから、それを無視した政策は必ず破綻する」「確かに信念は大事だけれども、相手かまわず貫いてしまったら、世の中うまくいかなくなってしまう」「今の地方交付税制度はそれほど地方には甘くないと思う」などの石原の言葉は公務員や政策の在り方など示唆に富む発言であり、今の政治家にも役立つ箴言といえよう（「石原信雄回顧談」㈱ぎょうせい、令和元年パンフレットより引用）。

広域都市開発推進協議会の設立総会で講演する
石原信雄氏

（二）平成の大合併で『三〇万人都市太田』を目指して

本島会頭は当時の横田県企画部長に「西に上武広域都市群があるなら、東に両毛広域都市群を作って地域の連帯・活性化を図ってみたい」旨提言したところ、横田も賛成してくれたという。この後、昭和四十年（一九六五）十二月九日、太田商工会議所が主導して「東毛三市（桐生・太田・館林）正副会頭懇談会」が太田商工会議所で開かれ、広域的地域開発の見地から、各市共通の問題や課題を取り上げ、共同と提携によって総合発展を図ろうという機運が醸成された。翌四十一年十二月には栃木県側の足利・佐野両市に呼びかけて太田・桐生・館林・足利・佐野・邑楽郡・新田郡・勢多郡・山田郡・阿蘇郡の五市九町六村（当時）を範囲とした「両毛広域経済開発協議会」が設立された。

この協議会は渡良瀬川を挟んでＪＲ両毛線・東武線の鉄道があり、国道五〇号と一二二号を中軸に約五〇万人以上の人口があり、肥沃な農地と地場産業の歴史を共有するのみならず金属・機械工業を中心とする工業集積が高いなど、共通の性格を持っている。そこで地域全体の発展を考えるには、この都市群が共通のビジョンを持って、重複投資を省き、公害問題・上水道・交通網の整備・金融・観光に至るまで共通する問題に対処し、協力し合って陳情等も共同歩調をとろうとするものであった。

同四十二年八月、同協議会は広域都市診断を実施することに決し、財団法人日本経済研究所に調査を依頼した。同四十五年十二月、同研究所から「両毛地域開発調査報告書」が提出された。この結果を各市町村に提言し、行政と会議所等が協力しながら広域的総合開発を実施に移していった。太田市関係では「東毛広域市町村圏整備組合」や「両毛地区広域圏振興整備組合」が結成されて一定の成果を上げてきた。

そこへ平成の大合併時代がやってきた。

これより先、昭和三十一年首都東京の整備と首都圏の秩序ある発展を図るため「首都圏整備法」が施行された。太田地域は東京より八〇キロ圏にあるため第一次基本計画では「工業を中心とする市街地開発（後に都市開発区域）を推進する地区」とされ、京浜地区から人口と産業の分散を図り、首都圏に流入する人口と企業を外延部で吸収しようとするものとされた。同三十五年四月三十日、首都圏整備委員会は告示第一号で「太田・大泉地区」（太田市・大泉町・尾島町・宝泉村）を首都圏で第四番目の市街地開発区域として指定した。太田・大泉は工業団地、住宅団地の造成で新市街地を建設し工業都市として発展させ、宝泉は住宅団地、尾島は工業・住宅地区、その他は農業生産地区として農村緑地の保存に務めるというのが整備方針であった。これに基づいて昭和の大合併が進んでいった。

　平成十二年（二〇〇〇）四月施行の市町村の権限を強化するための法律「地方分権一括法」と同十五年七月施行の「市町村の合併の特例に関する法律（改正合併特例法）」の施行によって市町村の合併を促進する動き（平成の大合併）が始まった。

　その頃本島虎太会頭は、盟友の石原信雄氏が大宮・浦和の合併が困難な時にうまく調整して広域合併を成し遂げ、広域行政の実現を図っていたのを見て「太田も三〇万人都市の構想を持っているのでこの際太田市を中心とする中核都市を作りたい」旨の希望を述べて指導を受けたいという考えを寄せたという。

　こうして平成十二年八月、石原官房副長官・太田商工会議所本島会頭・一市六町

（太田・尾島・新田・薮塚本町・大泉・邑楽・千代田）の首長が集まって「太田市等一市六町首長合併懇談会」が設立された。以後十四年五月まで八回、同懇談会が開催され、合併への口火となった。同五月から「任意合併協議会（任意協）」に移行し、具体的な新市の在り方を議論していった。この時邑楽町はオブザーバー参加

図11　〈参考資料〉太田市の交通と工業団地（「ふるさと太田事典」より）

太田市の鉄道・主要道路網

太田市の主な工業団地・大工場の分布

であった。同年十二月、四回目の協議会で大泉町が町議会の反対があったため、脱退を申し出て千代田町も同調したのでやむなく了承した。

翌十五年二月、今度は桐生市と薮塚本町から太田地域の任意協に参加したい旨、申し出があった。それで同年六月から右の二市町が加わって協議が進められた。同九月より「東毛地域（法定）合併協議会」が設置されて協議が進められたが、桐生市からは競艇問題で市議会から異論が出たこと、薮塚本町は町長選挙があるなど町内問題が出たため、この段階では沙汰止みとなった。

そこで、太田・新田・尾島の一市二町で「法定合併協議会」を設立することになり、清水太田市長が会長に選出された。同十五年末になってから薮塚本町からこの協議会に加入したい旨の申し出があった。翌十六年一月三十日の協議会で薮塚本町の加入が認められ、同二月十三日の協議会から太田市・尾島町・新田町・薮塚本町の一市三町による合併協議が進められた。同年四月まで八回にわたる協議が熱心に行われ、同六月一日、合併協定書の調印式が執り行われ、合併が実現するに至った。

この合併は①対等合併であること②新市の名称は「太田市」とすること③市役所

は太田市役所とすることと④新市の発足は平成十七年（二〇〇五）三月二十八日とすること⑤新市建設計画を着実に実行し、「個性が輝く生活文化都市」の太田市とするよう確認がなされた（「ふるさと事典　太田」より）。参考として図12を掲げておく。

この平成の合併は太田市長はじめ三町の町長や市町村役場職員・会議所職員など地元関係者の努力、石原副官房長官や本島会頭の理念・熱意が生きているといっても過言ではないと思う。

これらのほか、太田市内の普通科高校の正常化と進学率の向上に向けての尽力、東武鉄道高架化事業への協力、太田中心商店街振興策の提言、南一番街コミュニティー

図12　1市3町合併の「新太田市」

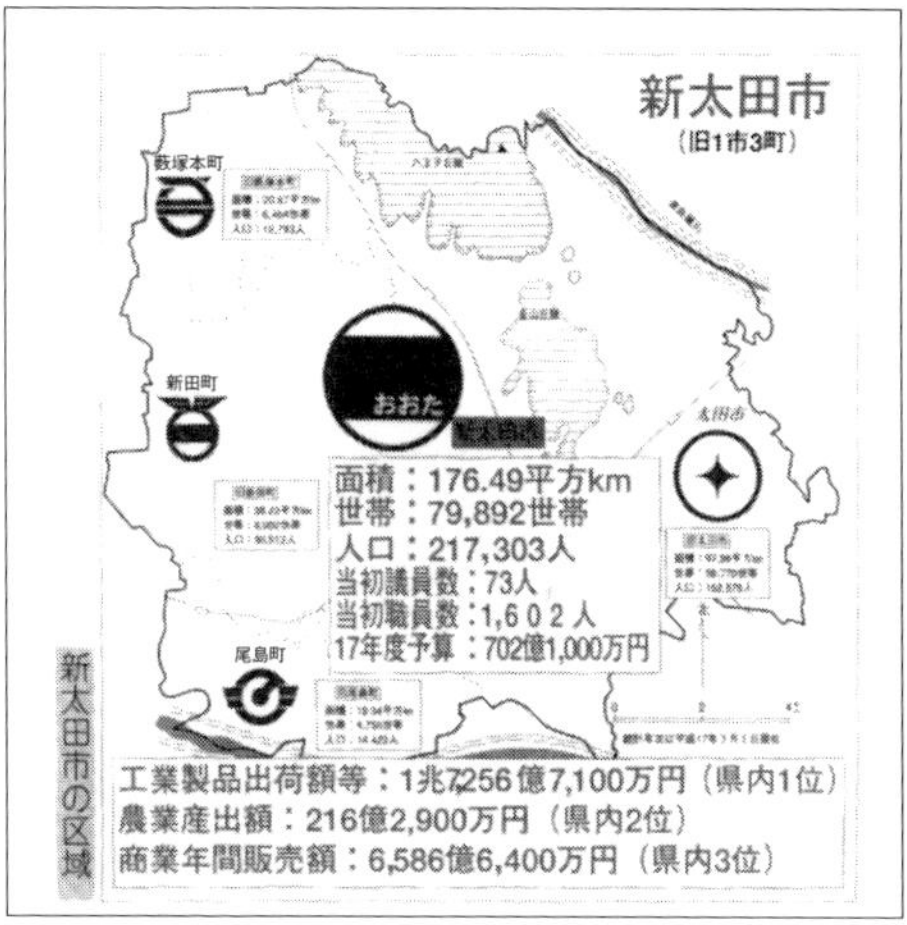

マート構想、大型店進出に伴う商調協活動など挙げればきりがないほどの仕事を本島会頭時代にこなしてきた。

以上のように、本島会頭は十三期三十九年間に及ぶ長い会頭在任期間に、太田商工会議所を牽引して、幾多の業績を上げ、現在に至る繁栄の道筋を指し示した功績は偉大であったといえよう。

第九章　晩年は悠々自適、長男の医院開業を喜ぶ

一・太田商工会議所会頭を退任、荻原会頭へバトンタッチ—退任に当たり一〇〇万円寄付

本島虎太の脂が乗り切った五十歳頃のことである。群馬観光センター㈱が発行した『おおた風土記』という本の中に、編著者の朝雲久児臣と本島会頭が対談した「オピニオンリーダー論」というエッセイがある。

「（前略）新しい都市づくりはどうしたらよいか。近代経営・商店街づくりはどうあるべきか。大型店進出に伴う対策をどう考えるか。会頭としてこの課題は極めて重要である」

「太田は富が低い。市民は富まなければならない、その富は物資的意味だけではない。文化的、教育的な富の蓄積も意味している」

「医学の倫理が叫ばれているが、商業にもルールがある。商売のルールを大切にし

たい。産業の倫理は時代と共に変わるものだと思っている」「良識と知性を持ち産業と学問が一体となって町を豊かにしていく。地域社会とのつながりを持つことが産業を伸ばしていくことになる」と本島虎太は述べる。

また本島は「未来歴史の対象になる人間のパスポートはおよそ次のようになろう。①創造的な事柄の初の企画者であること、②自分の生き方に妥協を許さないこと、の二つが最重要である」と述べている。

きわめて哲学的な思考が述べられていて、なかなか理解は難しいが、前半部分は本島が会頭職をやっていく中での課題やその解決策を述べたものと理解できそうだ。後半は本島の自己に厳しい人生や経営に対する姿勢を開陳しているものと考えられる。

この頃の本島の愛読書は、小泉信三の『平生の心がけ』、田中美智太郎の『人生論』をあげており、好きな言葉は「呑

本島会頭と荻原新会頭
（新旧会頭歓送迎会にて）

舟の魚支流を渉まず」というものだと述べている。

産業界のリーダーとして、太田商工会議所の会頭として十三期三十九年の厳しくもあり、日々新たでもあった挑戦が続いたことは前章までの記述で紹介したとおりである。

平成十三年（二〇〇一）十月二十六日、太田商工会議所臨時議員総会が開催され、任期満了に伴う役員の改選が行われた。まず、本島会頭より「私は退任し、次期の新会頭にはオギハラ㈱社長の荻原榮一を推薦する」との提案があり、協議の結果満場一致で承認された。その後、副会頭に正田寛・真下武久・西岡喬・太刀川又吉、専務理事に須藤正博を指名し、これも満場一致で承認された。本島会頭は十三期三十九年にわたる尽力及び栄誉を称え「名誉会頭」に推戴され、今後も合併問題などを専門に務めていただくことになった。

本島名誉会頭は、産業界の発展とベンチャー支援基金として金一〇〇〇万円を太田商工会議所へ贈呈した。

本島名誉会頭は次のような退任の挨拶を述べた。

「国の内外にわたり誠に重要な時期に荻原榮一新会頭にバトンをお渡しすることが出来まして感謝の念で一杯です。また副会頭様をはじめ議員・職員の皆々様に多大なるご支援ご支持ご協力を頂きましたことに厚くお礼を申し上げます。

顧みますと昭和三十七年就任以来、あまりにも日本経済、そして、太田産業界も変転し驚異的な発展をするにいたりましたことは誠に御同慶の至りであります。しかし私といたしますと果たしてお役に立ったのか忸怩たるものがあり恥じ入るばかりであります。

オイルショック、いくつかの好景気の波、インフレーションによる物価の高騰、そして商業界もマーチャンダイジング進展に伴う大型店の出現による大変革の波、各種大型工業団地への有力企業の誘致、そして中小企業群の発展がみられ、太田・大泉地域は今日二兆三千億円の工業出荷額をみるに至りました。

この経済社会の生々流転の中、おこがましくも連続して会頭職の任命を受けましたが国・県・市ご当局、そして代議士の諸先生のご指導、御懇篤なご芳情を頂き心から厚くお礼申し上げます。
終わりに太田商工会議所の益々のご発展、会員皆様のご繁栄を衷心より祈念申し上げまして退任に当たりご挨拶とさせて頂きます」

太田商工会議所の「商工ニュース」（平成十三年十一月二十日号）は「本島会頭三十九年間の歴史」、「抜群のリーダーシップと卓越した識見～昭和から平成へ太田市産業界の躍進に尽力～」と大見出しで記事を載せ、業績の一端と略歴を載せて顕彰している。

この後、新旧会頭・副会頭をはじめ役員・議員、事務局幹部らが「新旧会頭歓送迎会」を催し、感謝状贈呈、花束贈呈などのセレモニーが行われて祝宴に入り、美酒を傾けながら本島会頭との別れを惜しんだ。

二．職歴一覧と叙勲・各種表彰

（一）職歴一覧

昭和二十九年（一九五四）四月　医療法人本島病院に入職

同　三十二年九月　同本島病院の常務理事及び事務長に就

任

同　三十四年十月六日　㈱有隣社代表取締役社長に就任

同　三十七年（一九六二）十一月二十四日　太田商工会議所会頭に就任（在任三十九年）（平成十三年〈二〇〇一〉十月末日退任）

同　四十年（一九六五）三月三十一日　医療法人島門会本島病院の理事に就任

同　同四十年五月二十六日　群馬県火災共済協同組合副理事長に就任

同　同日　群馬県商工共済協同組合副理事長に就任

同　四十五年五月二十六日　東毛福祉事業協同組合理事長に就任（二年間）

同　四十五年五月二十七日　太田地区電信電話ユーザー協会会長に就任

同　四十六年五月二十五日　群馬県商工会議所連合会副会長に就任
同　四十六年六月十日　㈱太田都市ガス取締役社長に就任
同　四十七年十月二日　群馬県教育委員会教育委員に就任〈四年間〉
同　五十二年九月二十六日　太田市スポーツ振興後援会会長に就任
同　五十五年三月二十四日　郷土産業振興協議会会長に就任
同　六十一年三月三十一日　（学法）群馬常磐学園理事に就任
（平成二十三年十月一日退任）
平成十一年（一九九九）二月二十五日　広域都市開発推進協議会会長に就任
同　十三年（二〇〇一）十月三十一日　太田商工会議所会頭を退任
同　同会議所名誉会頭に就任
同　十五年六月　太田市観光協会会長に就任（現職）
同二十三年四月十一日　（学法）群馬常磐学園監事に就任（現職）
その他、太田市長清水聖義後援会会長（現職）にも推挙されている。

（三）主な表彰等一覧

昭和四十九年（一九七四）九月十日　群馬県商工会議所連合会　表彰

同　五十三年五月三日　群馬県総合表彰・商工功労賞　受賞

同　六十年（一九八五）五月十日　太田市功労者　表彰

同　六十一年五月十日　太田市市政功労章　受章（表彰）

同　六十二年十月二十八日　群馬県商工功労　表彰

平成四年（一九九二）五月十九日　館林税務署税務功労　感謝状

同　五年九月二十二日　通商産業大臣　表彰

同　同日　日本商工会議所　表彰

同　五年十月十九日　群馬県商工会議所連合会　表彰

同　六年十一月十六日　館林税務署間税会功労　表彰

同　九年十月二十八日　関東信越国税局長　感謝状

同　十一年三月十八日　日本商工会議所特別功労者　表彰

同　十一年（一九九九）十一月三日　「勲四等瑞宝章」（秋の叙勲）受章

このほか多くの表彰や感謝状があるが、主なものを挙げるにとどめた。

長年にわたる努力と精進が結実してこのような表彰や叙勲に輝いたことは当然といえるが、本島虎太の人柄と業績が多くの人々に認められたことであり、喜ばしい限りであった。

本島太氏

三．長男太氏が念願の医院を開業

本島虎太は令和元年を迎えても矍鑠として活動している。

一つは㈱太田都市ガスの会長として午前中を中心として事務所に出向いて「会長」の職を執行し、社長以下幹部職員の業務を指導し監督しているようである。会社に出かけるのが苦にならず、楽し

旧友らと余暇を楽しむ本島虎太
80 歳代後半の太田中学 44 回卒業生同級会
（太田ナウリゾートにて・平成 27 年）
前列中央左が石原信雄氏、右が本島虎太元会頭

いと述懐している。二つ目は太田市観光協会会長の役職を務めることである。観光事業は太田への来街者を呼び込み、素晴らしい歴史や自然を楽しんでいただくだけでなく、最近は市内の工場を観光資源としてとらえ、工場見学を取り込んだ地域巡りも面白いのではないかと提唱していると聞く。三つめは家庭にあっては好きな読書に親しんで余暇を活用し、息子の医院で足腰のメンテナンスに励んでいるのを見かける。また、本島病院時代の懐かしい看護婦さんや事務職員と旧交を温め、食事会に出かけたりしている。特に自家用車の運転を自ら行って、会社や病院などへ通っており、九十四歳の高齢者では珍しい活動をしておられる。まさに悠々自適の生活を楽しんでおられる毎日と見受ける。

長男の太氏は分家本島進家の三代目で祖父が進、

本島総合病院旧職員の方々と会食会（平成30年川畑にて）
中央・本島虎太氏（92歳）、右端ご子息・本島太氏、
左端・筆者

父が虎太で、虎太が会議所会頭に就任した翌年の昭和三十八年（一九六三）の生まれである。太田小学校を卒業後、太田市立西中学校へ進学し、医師になることを希望して神奈川県の有名な進学校桐蔭学園高等学校に進み、さらに医学を志して愛知県の藤田保健衛生大学医学部医学科に進学して勉学に励んだ。平成十二年（二〇〇〇）三月、同大学を卒業した。医師免許を取得し、平成十三年五月より、獨協大学医学部付属病院麻酔科に入局し、次に整形外科に移って更に研鑽を深めて整形外科の新しい技能の修得に務めながら活躍してきた。

この間に、川崎医科大学を卒業し、さらに順天堂大学で糖尿病医学を修めた佳代子夫人と結婚し、二人のお嬢さん（和佳奈・鈴菜）の父となった。

やがて平成二十五年（二〇一三）五月八日の佳き日、

「もとじま整形外科・糖尿病内科」
医院建設の地鎮祭

院長本島太氏

太田市新野町に『もとじま整形外科・糖尿病内科』を開院するに至った。本島太氏が医院長・佳代子夫人が副医院長に就任し、診療科目は「整形外科」・「リハビリテーション科」・「糖尿病内科」・「内科」である。

需要の多い診療科を揃え、高齢化社会の時代にうってつけの医院で、来院患者が多く丁寧な診療を心掛けるので評判が良い。建物は超近代的な鉄筋コンクリート造りで、床暖房がセットされていて快適である。

四百年以上の伝統を以て医術を施してきた本島家にあって、分家本島進家の三代目として、本島太氏が父虎太の宿願を見事に具現してくれたことは本島虎太にとっても大きな喜びであったに違いない。

おわりに

本島家は初代数馬から約四百年、ここ太田に定住して江戸時代のいつ頃か不明だが農業の傍ら医業を始めたようである。本島家の第十代目の当主で、自柳襲名七世の本島自柳（栗原綾三郎、号撫一庵）の次男が本島虎太の父進である。進は大塚家の長女ひさと結婚し、分家本島進家を起こした。分家本島進家の二代目が本島虎太である。

虎太は生来、聡明で活発な幼少年期を過ごし、太田中学校は五年間大東亜戦争のさなかで勉強や運動で過ごし、進学した熊本の第五高等学校の三年間は昭和二十一年から二十四年三月という終戦直後の混乱と生活難、荒廃した世相の中で猛勉強に明け暮れ、長崎医科大学・熊本医科大学に合格したが骨関節結核という難病に罹患したため進学を諦め、太田に帰郷して静養することになった。多感な青年期を太田中学校と熊本の第五高等学校で学んだことは、勉学や思索の深化に役立ったし、生涯の友を得て切磋琢磨を重ね、友情を培う貴重な年月となった。

昭和三十年代に入ると、病気も完全に治癒し、健康に自信を持てるようになった。昭和二十九年より本島病院に勤務、本島（珪三）自柳院長と共に本島病院の理事・専務理事、事務長を兼務し、昭和三十四年以後には㈱有隣社（薬局）を設立して代表取締役社長に就任した。こうして本島病院の総合化と近代化に尽力し、今日見る本島総合病院へと充実・発展させた。やがて太田の名門で遠近に知られた由緒ある

表5　歴代正副会頭・専務理事・常務理事一覧

（昭和22年〜令和2年現在）

年次	会頭	副会頭	専務理事	常務理事
S22	太刀川又吉	相崎徳蔵、水谷平八郎		玉置　若葉 鈴木　新助 (事務局長兼任)
S24	太刀川又吉	相崎徳蔵、水谷平八郎		玉置　若葉
S26	水谷平八郎	相崎徳蔵、宗川五郎	相崎　奎二	
S28	水谷平八郎	高瀬正七、斉藤忠重	相崎　奎二	
S30	水谷平八郎	江川善七、黒川末男	相崎　奎二	
S32	黒川　末男	大隈金六、吉田完治	相崎　奎二	
S34	黒川　末男	堀越金次郎、高橋孝雄、北爪茂	玉置　行男	
S37	本島　虎太	高橋孝雄、横塚清作、岡田徳次郎	玉置　行男	
S40	本島　虎太	高橋孝雄、岡田徳次郎、栗原正夫	玉置　行男	
S43	本島　虎太	栗原正夫、西田家隆、大島一郎	玉置　行男	
S46	本島　虎太	西田家隆、大島一郎、橋本見吉	玉置　行男	
S49	本島　虎太	西田家隆、大島一郎、橋本見吉	玉置　行男	
S52	本島　虎太	大嶋一郎、橋本見吉、松月仁志夫	玉置　行男	
S55	本島　虎太	松本恵介、鈴木清一、武川敦	玉置　行男	
S58	本島　虎太	松本恵介、鈴木清一、島岡良次	柳　　佳治	
S61	本島　虎太	松本恵介、鈴木清一、石川清一	柳　　佳治	
H01	本島　虎太	松本恵介、鈴木清一、石川清一	柳　　佳治	
H04	本島　虎太	鈴木清一、大塩孝三、荻原榮一、 石川重政	柳　　佳治	
H07	本島　虎太	鈴木清一、大塩孝三、荻原榮一、 石川重政	柳　　佳治	
H10	本島　虎太	荻原榮一、雨笠忠一、松月稔、 守屋泉	須藤　正博	
H13	荻原　榮一	正田寛、眞下武久、西岡喬、 太刀川又吉	須藤　正博	
H16	荻原　榮一	正田寛、眞下武久、太刀川又吉、 高橋君明	須藤　正博 松田　賢治	松田　賢治 山本　雄嗣
H19	正田　　寛	高橋君明、眞下武久、太刀川又吉、 渡邊浩	松田　賢治	山本　雄嗣
H22	正田　　寛	高橋君明、渡邊浩、木村茂男、 鈴木信昭	松田　賢治	
H25	正田　　寛	石川晃、飯塚慎一、西岡喬、 鯨井博	松田　賢治 岡島　　誠	
H28	正田　　寛	石川晃、飯塚慎一、西岡喬、 鯨井博	橋本　文男	橋本　文男
R01	加藤　正己	坂本正堂、梅澤悟、高橋嘉一郎、 石川雅之	橋本　文男	橋本　文男

医家の出身であり、爽やかさと若々しい先見性を持った虎太を町の人々が放って置かなかった。

昭和三十七年十一月二十四日、虎太は太田商工会議所第四代会頭に推挙され三十七歳の青年会頭として異例の会頭就任が実現した。新聞も華々しく報道し、世間の注目を集めた。以来、十三期三十九年の間、地域商工業界の発展と福祉の向上に向けて、力強く歩み始めた。

本島会頭は足元の中小企業経営の安定と発展に心細やかに努力を傾注し、事務局の組織を整理、合理化に努め、職員の生活を親身になって面倒をみたりする「虫の眼」を持っていた。一方、大局を見る「鳥の眼」も持っていた。海外の都市と友好・姉妹都市、姉妹商工会議所提携関係を結び、東毛広域圏や両毛広域都市開発圏といった広域行政にも提言や提携することに手を抜かなかった。平成の広域合併では元官房副長官で盟友の石原信雄氏の助言や指導を仰

本島一郎（赤尾一六）の先祖の墓を調査中の本島虎太氏（佐野市小中町浄蓮寺、92歳）

いで、群馬県で第三位、二二万余の人口を持つ工業都市太田市実現の一端を担ったのも「鳥の眼」をもって大局を見渡す本島会頭の力量のお陰といえよう。

もう一つは人間を慈しむ「慈愛の眼」をもってことにあたった人物であるといえよう。虎太は発想が雄大で仕事は着実、じっくり考えて決まれば猛然と実行に移すという強い心を持ち、他人には思いやりをもって接してきた。歴史を大切にし、学問を商業や工業などの実業に応用することを常に念頭に置き、業務に邁進してきた。『星霜　太田商工会議所四〇年史』の出版、『風土記おおた』の連載と出版などは太田の先人の偉業を顕彰し、次代の人々にそれを継承していくことが大切だとする「慈愛の眼」と本島虎太の生き方・姿勢が表れた業績といえよう。

第九章の一に述べた、本島虎太が好きだという言葉が「呑舟の魚支流を渉（あゆ）まず」だとして挙げている。意味するところは舟を呑み込むような魚＝大人物は支流には棲まない、本流・大道を正々堂々と歩んでいくものだということと思われる。この言葉は中国古典の列子-楊朱にある「呑舟之魚、不游枝流」からとったものと思われるが、「大人物は高遠な志望を抱いて、小事にこだわらない」という本島の人生観を物語る言葉といえよう。

この伝記を執筆するにあたり、本島虎太本人にアンケートをお願いして記述の充実に資することが出来、旧制太田中学校時代の友人の石原信雄元内閣官房副長官・田島（遠坂）芳雄元獨協医科大学教授・伊勢崎退魔寺住職で元太田高校校長若槻繁隆校長先生などの皆さんには面談させていただいて本島虎太の人物像を聞かせていただいた。熊本の旧制第五高等学校時代の友人では、熊本医科大学卒業で内科医の上田京二医師・第五高等学校から東京帝国大学工学部に進学し、卒業すると建設省に入り建設局長に昇進し、後に、参議院議員となった松谷蒼一郎氏らから高等学校時代の本島について電話インタビューさせてもらって、貴重な証言を頂いた。また、太田商工会議所専務理事橋本文男氏、太田商工会議所顧問松田賢治氏や事務局長湯澤秀明氏並びに上席指導員金谷雄次氏の各氏には会議所時代の資料や本島会頭の事績について懇切にお話をいただいたことに改めて厚く御礼を申し上げる次第であります。

本書発刊にあたりまして、本島虎太会頭の子息で太田市新野町所在の「もとじま整形外科・糖尿病内科」院長本島太氏には序文・寄稿文を執筆頂いたり、面談時の送迎や編集会議の運営に大変お世話になりましたことに深く感謝申し上げます。

また、本書の編集・装丁・印刷・出版などでは、上毛新聞社　一倉基益氏に格別のご尽力を頂いたことで発刊できましたことを記して厚く御礼申し上げるところであります。

主な参考文献

①「太田高校九十年史」昭和六十二年十月十七日、太田高等学校発行
②「金山麓やまざる流れ　太田高校百年」平成九年三月三十一日、太田高等学校発行
③「おおた（太田）風土記」昭和五十一年十一月一日、㈱観光事業センター発行
④「星霜　太田商工会議所四〇年史」平成元年十一月二十四日、太田商工会議所発

行
⑤「太田市史通史編近現代」平成六年三月三十一日、太田市発行
⑥太田中学校四四回卒業生会誌「稲荷山残照」昭和六十三年十一月三日、東京広告㈱発刊
⑦「太田に光を与えた先人たち」平成十五年三月三十一日、太田市教育委員会発行
⑧茂木晃著「風土記おおた」昭和六十三年五月二十日、太田商工会議所発行
⑨茂木晃著「ふるさと事典　太田」二〇〇六年三月五日、あかぎ出版発行
⑩茂木晃著「太田地域の道とひと～道路誌・人物誌ものがたり」平成二十年八月二十三日、東京広告㈱発行
⑪太田商工会議所創立六〇周年記念誌「青春の心」平成十九年六月、同会議所発行
⑫太田商工会議所創立七〇周年記念誌「勁草たらむ」平成二十九年十一月、同会議所発行
⑬「群馬県営業便覧」（復刻版）昭和五十一年二月一日、みやま文庫発行

⑭熊本大学「五高記念館」ホームページより「旧制第五高等学校誌」
⑮茂木晃著「新潟医科大学整形外科初代教授　本島一郎伝」平成三十年五月十六日、上毛新聞社事業局出版部発行

図

図1　昭和11年7月ごろの六丁目鳥瞰図（太田町役場、商工会発行）
図2　「群馬県営業便覧」下巻に見る六丁目界隈
図3　本島家略系図
図4　群馬県立太田中学校校舎配置（概念）図
図5　熊本市街図
図6　国際通貨制度の変遷と円の対ドルレート推移
図7　経済成長率の推移
図8　太田商工会議所の機構図
図9　太田市の製造品出荷額等に占める主な業種別割合の推移

表

寄稿

私は父・進、母・ひさの長男として生まれた。

本島一郎、本島柳之助叔父の元で豊かな人生を歩みつつあった。旧制太田中学、熊本五高、そして長崎医大に合格した。その間、骨関節結核を患ったが、慈恵大・片山教授の手術を受け成功した。

その後、太田地域の商工会議所、病院、薬局そして都市ガスの経営に携わった。

幸いにして、それぞれ安定した経営発展を続けることができた。

また茂木晃先生には地方硯学として多くの貴重なアドバイスをいただいた。

本島　虎太

寄稿『本島虎太』発刊に寄せて

本書が発刊になり、本島虎太の長男としては喜ばしい限りです。

父から私が教えてもらったことは、多くはありませんが、重要であり現在でも私の信条としていることがあります。

それは、大きく三つあります。

まず、一つめは、問題解決には、王道をいくことが大切であるということです。

何か問題が起きた時に尋ねると、必ず言っておりました。

問題が起こったときに、とりあえず本質ではないことであるが、てっとり早く解決する方法が存在することが往々としてあります。

いわゆるその場しのぎです。しかし、このようなことをやると後に禍根を残します。

大変なことになることもあるでしょう。

その場しのぎでない王道のやり方は、時には非常な困難、労力を伴うことがあります。

しかし、それがあったとしても王道をはずさないほうが、長い眼でみると良いと考えるということです。

私は、これを実践しており正しい方向性と信じて実行しております。

　二つめは、約束は必ず守るということです。

これを聞いた時は、〝これは簡単だ。簡単にできることではないか〟と思いました。

しかし、約束を必ず守るというのは、なかなか難しいことです。

どうしてもうっかりしていたり、またできもしない約束をしてしまうこともあります。

そこをきっちりやって初めて、人の信頼を得ることができるということでしょう。

たぶん、以上二つをずっと守って仕事してきたからこそ、父は長く商工会議所会頭を長くやってきたのだと思います。

　三つめは、人生をかけて仕事をしろということです。

これは、中途半端に仕事をしないということです。

昔から、父は仕事をしているか、家では寝ているか、食事をしているかどちらかの生活でした。ギャンブルなどは、全くせず、遊んでいるのをほとんど見たことがありませんでした。

ある日、「ギャンブルなど賭け事は、やらないのか？」と尋ねたことがありました。すると、「ギャンブルなんかより、もっと面白いものがあるぞ。人生賭けた方が面白いぞ」という答えが返ってきました。つまり人生賭けて仕事で色々とチャレンジしたほうが、面白いぞという話です。これは、日常を全力で生きて仕事頑張っているほうが、人生面白いというふうにも言い換えられると思います。私も仕事人間で、面白いからという部分がありますが、ずっと楽しく仕事しております。

父は、そういう考え方を持っていたので、商工会議所会頭だけでなく、様々な仕事を引き受けてこなしていけたんだと思っております。

今は、働き方改革で仕事に制限がある方が多いと思います。

しかし、今の日本があるのは、父の世代を含めて先人が頑張ってきたからではないでしょうか？戦後の焼け野原から、先進国の仲間入りをするのは、並大抵の努力では追いつきません。

本当に死に物狂いで仕事をしてきたからと思います。

今の制度は、決められたものですから、制度に従って世の中は進んでいくことでしょう。

しかし、今後の日本がどうなっていくか？以前とは、全く違う形になるのではないでしょうか？

また、本書作成中に気がついたことがありました。

戦前の日本における優秀な教育制度です。

昔は、小学校六年が義務教育でした。

その後、義務教育でない中学校にいく人と、就職する人が存在したようです。

ほとんどが、小学校を卒業して就農する進路だったと聞きました。

確か一〇％くらいの人しか中学校に進学しないという風に聞いております。

旧制中学校は、五年制です。中学五年卒業すると、師範学校、専門学校などに行く人、就農する人などにわかれ、非常に成績の良い人は、陸軍士官学校、海軍兵学校、高等学校に進学しました。

簡単に言えば、軍人か高等学校に進学する人が優秀であると評価されていたようです。

中学校卒業して、高校に進学する人は非常に限られた人数で太田中学でも約五人くらいのようだったと聞いております。ちなみに、海軍兵学校、陸軍士官学校に進学する人は、あわせて約一〇人くらいのようでした。

またこれは現在と同じですが、高等学校を卒業しなければ、帝国大学（東京帝国大学、京都帝国大学など）に進学する資格がなかったのです。

そうすると、かなり限られた人が高校に入学していたということになります。

高等学校に進学するということは、ほぼ帝国大学に入学するということになっていたようですから、日本を動かす人物になってもらうという明治政府の意図が入っているように思えました。

現に、父の中学校の同級生でも、石原信雄元内閣官房副長官（旧制第二高等学校↓東京大学）をはじめとして、田島芳雄元獨協医科大学病院長　名誉教授（旧制浦和高校↓東京大学）など錚錚たる方々が旧制高校出身者です。

父の在籍した旧制第五高等学校の卒業生名簿を拝見させていただきましたが、非常に偉い方々の驚くべき集団でありました。

しかも、かなり旧制第五高等学校の進級は厳格で、高校三年生になったときにクラスの三分の一しかストレートで進級できず、あとは留年か退学という非常に厳しい学校でした。

父は、必死で勉強したようですが、秀才、天才のひしめく学校ですから、ほぼ勉強せずに卒業された方々も大勢いらっしゃったようです。

異論は、あると思いますが、江戸時代から明治に変わって、教育に力を注いで優秀な人を中央に迎え入れ他国に対抗していくための素晴らしい制度と思いました。

ＧＨＱが優秀な日本を恐れて旧制高校制度を撤廃させたという話がありますが、まさにその通りかと思います。

私は、中学校時代に北杜夫の『どくとるマンボウ青春記』を読んで、旧制高校の寮に憧れておりました。運良く神奈川県　桐蔭学園高校に合格し、やっぱり近い地元がよいと太田高校をすすめる父の反対を押し切り桐蔭学園の尚友寮という寮に入ることができました。

もう治りましたが、私が喘息だったため心配があったのかもしれません。優秀な同級生、先輩がいましたが、規則などかなり厳しい寮でした。その厳しさは、先輩に対しての礼儀、態度はもちろんのことでしたが、同級生、後輩に対する態度指導も同級生にミーティングで指摘されることがたびたびあり、二十四時間気を抜けない生活なのです。ただし、当然ですがいじめなど低レベルなことはもちろんなく、皆で決めたルールを守りながら生活できているかということが問われました。卒業後に、同じ大学となった先輩と久しぶりにお会いしたときに「私も、二十四時間緊張して寮生活を送っていた」と話をされていました。

やはり、先輩もそういう意識で生活していたのだなと思いました。最初に入学したときに同学年の寮生は三六人でしたが、最後に高校三年間卒業まで残ったのが、たった八人です。私もなんとか頑張って残っていました。桐蔭学園尚友寮は、旧制高校のように自主管理寮でした。学校の校長先生、寮の舎監の先生とリーダー学年の生徒（高校二年生）が交渉して学校あるいは寮の方針で納得いかないところは、話し合いをもち、夜を徹して同学年でもよくミーティングをして寮の運営について話をするような雰囲気でした。一時、先輩が校長先生と対立し、先輩全員寮をやめる騒ぎになったこともありました（結局、やめないことになりましたが）。こういう日常を過ごしているうちに、いわゆる今でいうディベート力がついたと思っております。また、文武両道を掲げていた学校であったため、寮生は運動部に所属する義務があり、卓球部でしたがかなり鍛えられ喘息も治ってしまいました。この卓球部の鍛えられかたも私にとってはかなり大変で、毎日一〇キロ走り、腹筋五百回、腕立て五百回、空気椅子三十分、素振り二千回という日々の練習でした。これを一年生だけでなく、トレーニング専門の先輩もいて、自分も同じメニューをされるのでなにもいえず毎日もくもくと練習していました。今考えると非常に立派な先輩で、自分は補欠なのに後輩の練習に全部付き合ってくれたのです。現在も、後輩の指導するときに非常に役にたっております。振り返ると、自分の限界を超える勉学と運動をこなしていたと思います

　ところで旧制高校の寮歌は、非常に有名です。旧制第五高等学校寮歌〝武夫原頭に〟も有名で憧れです。インターネット上で、聞ける状況にあります。御興味ある

方は、聞かれればよいと思います。桐蔭学園高校の寮歌などは、マイナーのようでインターネット上にありません。残念ながら、寮歌に触れる機会はないと思います。せっかくなのでここに、桐蔭学園高校尚友寮　第一寮歌〝相模の原〟を紹介させていただきます。たぶんこの寮歌をつくった人は、かなり旧制高校を意識していたと思います。

〝健児〟、〝玲瓏〟などの表現は旧制第五高等学校寮歌〝武夫原頭に〟の歌詞にもあります。

また、第一寮歌とするところが、旧制高校かと思うところがあります。

残念ながら、作詞、作曲者は私の知る限り不明です。

〝相模の原〟

一．相模の原は、渺茫ときらめきそむる曙に
ああ玲瓏の蛭ヶ岳、巍巍千秋の色深し

二、丘に登りて見渡せば、丹沢の峰、富士の雪。
ああ青春の意気高く、若き健児の夢遙か

　父の話を聞いていると、旧制高校の寮と私の寮とは近いところはあるけれども、まだまだ遠い存在です。しかし、私の人生の原点となっているのが高校時代の寮生活なのです。

桐蔭学園高校には、感謝しております。

余談が長くなりましたが、旧制高校は素晴らしい学校であったと思います。

本文にももちろん記載があります。

今回は、素晴らしい書籍に誠に感謝しております。

良い書籍ができて、非常に嬉しい限りです。

　最後になりますが、父より、分家本島家三代目当主、太田都市ガス株式会社　筆頭株主　取締役　拝命いたしました。当家の歴史の重みを感じながら一生懸命努めていきたい所存です。

分家本島家三代目当主
太田都市ガス株式会社　筆頭株主　取締役
もとじま整形外科・糖尿病内科　院長

本島　太

（左）筆者茂木晃、（右）本島太氏

著者　茂木　晃略歴

現住所　群馬県太田市由良町、昭和12年3月、太田市（旧生品村村田新道）で生まれる。昭和30年3月群馬県立太田高校を卒業、次いで群馬大学学芸学部人文社会科学科（地理学専攻）に進み、34年3月同校を卒業、教職の道に入る。昭和34年9月から東京都足立区立千寿第三小学校教諭を振出しに、同38年4月から群馬県立太田女子高校教諭、以後、群馬県立西邑楽高校教諭、桐生工業高校教頭、太田女子高校教頭、平成2年4月から前橋市立女子高等学校（前橋市立前橋高校）校長、平成7年4月から群馬県立太田女子高校校長となり、同校を最後に、平成9年3月末をもって公立高校を定年退職した。

退職後は有坂中央学園中央情報経理専門学校太田校校長・同教育顧問、太田市文化財保護審議委員会会長、太田市新道町区長等を歴任し、現在は（一般財団法人）群馬県教育振興会専務理事、群馬地名研究会副会長、太田市私学審議会副会長、太田市文化スポーツ振興財団理事、新田義貞公顕彰会会長などの職にある。

主な著書は「風土記おおた」（太田商工会議所発行）、「ふるさと散策　ふるさとの風土と歴史を訪ねてその1・その2」（群馬ＮＥＣ発行）、「ふるさと〝太田〟地名散歩100」（上毛新聞社出版局）、「写真集　太田・大泉の100年」（あかぎ出版）、「ふるさと事典　太田」（あかぎ出版）、「太田地域の道とひと～道路誌・人物誌ものがたり」（東京広告㈱）、「新田義貞公の生涯と活躍」（東京広告㈱）、「太田の都市化について」（『群馬文化』）、「太田市史 通史編 近・現代」（太田市）執筆・監修、「太田市議会史」（太田市）、「新潟医科大学整形外科 初代教授　本島一郎 伝」（上毛新聞社事業局出版部）ほか。表彰は平成7年12月「上毛出版文化賞」（上毛新聞社）、平成19年11月「太田市民文化功労賞」（太田市長）、平成20年6月「太田市政功労章」（太田市長）、平成28年11月秋の叙勲で「瑞寶小綬章（教育功労）」受章。

元太田商工会議所会頭

本島虎太

～会頭在任十三期三十九年日本最長～

発行者　分家本島家三代目当主
太田都市ガス株式会社　筆頭株主　取締役
もとじま整形外科・糖尿病内科　院長
本島　太

発　行　令和２（2020）年６月５日　初版第１刷

著　者　茂木　晃

出版社　上毛新聞社事業局出版部
〒371-8666　群馬県前橋市古市町1-50-21
☎ 027-254-9966

定　価　1,000円＋税